唯有信念，能成就一切

信念的力量（最新增修版）

開發你的內在力量，將潛能轉化為實力
成為你真心想要成為的那個人

The Magic of Believing

克勞德・布里斯托 Claude M. Bristol —— 著 黎湛平 —— 譯

國家圖書館出版品預行編目資料

信念的力量：開發你的內在力量,將潛能化爲實力,成爲你眞心想要成爲的那個人/克勞德.布里斯托(Claude M. Bristol)作；黎湛平譯. -- 二版. -- 臺北市：遠流出版事業股份有限公司, 2023.02
面；　公分
譯自：The magic of believing
ISBN 978-957-32-9912-7(平裝)

1.CST: 心靈感應 2.CST: 成功法

175.94　　　111019800

信念的力量（最新增修版）

開發你的內在力量，將潛能轉化為實力，成為你真心想要成為的那個人

The Magic of Believing

作　　者 克勞德・布里斯托 Claude M. Bristol
譯　　者 黎湛平
行銷企畫 劉妍伶
執行編輯 曾婉瑜
封面設計 比比思
內文構成 6宅貓

發行人 王榮文
出版發行 遠流出版事業股份有限公司
地址 臺北市中山北路1段11號13樓
客服電話 02-2571-0297
傳真 02-2571-0197
郵撥 0189456-1
著作權顧問 蕭雄淋律師

2023年2月1日 二版一刷
定價 新台幣299元（如有缺頁或破損，請寄回更換）

ISBN 978-957-32-9912-7
YLib 遠流博識網 http://www.ylib.com E-mail: ylib@ylib.com

Published in Taiwan by Yuan-Liou Publishing Co., Ltd.

推薦序

信念成就一切

何則文／文策智庫執行長、暢銷書作者

我一年會受邀到上百所學校及許多企業分享，常會遇到許多人這樣問：「你是如何突破困境挑戰，成為自己理想的樣子呢？」

我總是告訴他們：「首先，你要相信自己。這個世界不是外在構成，而是你的內心。信念會成就一切。」

我在簽書的時候，也常常提到「信念」、「相信自己」等詞語。很多人覺得這都是些不著邊際的「幹話」，但其實，我本人就是活生生的見證。

從文組學生到科技業外派主管

我從小就很愛閱讀，大學的時候，常常空堂的休息時間，我都是在圖書館度過的。我大學看了不下一百二十本書吧，其中卻有一本書讓我印象深刻，乃至於影響、甚至可以說翻轉我的生命，就是這本《信念的力量》。

二〇一二年，正是我大三升大四的那年，也是《信念的力量》初版剛推出的時候。我永遠記得它初版時橘色的書封，這本書不知道為什麼就特別吸引我。

我看完這本書裡面各種故事、案例跟實際應用方法之後，也開始學著每天早上對著鏡子說：「則文加油，你一定可以。」接著我把目標寫成小卡片放在皮夾裡面。每天睡前告訴自己：每個明天都會變得更好。

而信念的力量也不斷引領我，讓我從歷史系畢業的學生，逐步變成科技業外派主管，分別在越南、中國等地服務，最後回台灣創辦NPO，有機會出版近十本書，受到很多媒體訪問，受邀到台大、交大等頂大開學致詞。

第一本個人著作，竟與多年前《信念的力量》有密切連結

二〇一七年我第一次在遠流出版社出版我的個人專著《別讓世界定義你》。這本書記載了我如何從父母離異、低收入戶、過動兒等背景為起點，翻轉人生的故事。

我永遠記得，《別讓世界定義你》的封面設計初稿出來的時候，那個黃色的封面

概念，立刻讓我想起當年我閱讀的《信念的力量》。於是我告訴遠流出版的編輯團隊：我大學時曾經看過一本橘黃色的書，主題是關於信念，影響我整個人非常深，而今天看到自己的書封設計也是同樣的色系，感覺有種冥冥中的連結。

想不到，這句話剛講出來，只見一位編輯瞪大了驚訝的雙眼。「是《信念的力量》嗎？那本書正是我編的呢！竟然有這種事情？太巧了。」然後轉身從書櫃裡面取出那本我再熟悉不過的《信念的力量》遞給我。我當下也覺得太不可思議了！

正是因為《信念的力量》這本書，成就了我後來的作家夢。回想起大學剛畢業時，我很期待自己有朝一日能成為作家，於是每天努力不斷的寫作跟投稿，起初總是被各媒體打槍，一直過了四、五年才有機會開專欄。怎知《信念的力量》這本啟發我的書，與後來我人生的第一本個人著作，竟然是出自同一個編輯團隊之手！

萬事都互相有連結

這難道不奇妙嗎？冥冥之中一切都有連結跟安排一樣。而我覺得這就是「相信」的力量。《信念的力量》這本書的作者布里斯托就擁有傳奇人生，他當過記者、編輯、律師、金融家，也訪問過很多功成名就的人物，總結出共通點就是信念。

而這樣的人物所寫出的書，竟然是在上個世紀中葉就已經首度出版，可見這本書是怎樣的歷久彌新了。即便我是在十年前閱讀這本書，書中許多故事我都歷歷在目，書中的方法也成為我遵照的人生守則。

發生在父親身上的奇蹟

今天這本書在台出版十年推出最新修訂版，我很榮幸作為親身受到這本書教導深刻影響的人，能夠實際來分享見證。只要相信，就會有奇蹟。

在寫推薦序的幾天前，我也正在經歷這樣的糾結。我父親因為身體狀況需要長照安置，這對我的家庭來說是很大的負擔。然而在困難中我仍懷抱著希望的信念，持續相信事情會好轉。

懷抱著盼望，奇妙的事情就發生。就在那天晚上，我收到一個媒體集團的餐敘邀請，其中一個事業單位有意願請我擔任顧問，竟然就剛好解了我燃眉之急。

這些實際的見證跟故事，書中的每一頁都有。你也想要翻轉自己的生命嗎？開始打開這本書，用《信念的力量》為自己人生帶來改變吧！

推薦序

找出你的超能力，先在心中掌控全局，然後在心裡打贏這場仗！

王莉莉Shila／《祕密》系列譯者、《啓動夢想吸引力》、《失落的致富能量卡》作者

看到第八章「女性與信念的力量」和第九章「有信念就能心想事成」，覺得會受邀寫推薦序也像是一種宇宙的安排。

作者主要是想告訴我們，你我都有能力開發「信念的力量」，而力量的種子就藏在每個人的潛意識中。這股力量能讓我們「心想事成」或是增加自我能力與價值。

如果妳跟我一樣是女性，作者說「其實應該為自己覺得驕傲，因為當我們想要完成某件事，就會把念頭深深嵌入意識，然後不達目的絕不罷休。」

我也很認同書中引用的這段：「女人光憑與生俱來的思考方式就能扭轉乾，讓時勢為自己所用。」

在我的書《啟動夢想吸引力》中有提到不少成功人士能在六到十二個月啟動成功奇象，是因為有符合了七大驅力，最重要的一個超能力就是「神速力」！也就是除了有堅定的「信念」外，還加上有如正義聯盟中「閃電俠」的超能力。

而我翻譯、啟發《祕密》的百年古書《失落的致富經典》當中的「致富金律」正好也是：

「願景＋**信念**＋決心＋感謝＋**有效率的行動**＝成功。」

正巧呼應書中的「信念＋行動」。

雖然翻譯過、看過不少本這類的書，但是裡面仍有不少共時性的事件描述，例如，「永遠向前看，不回頭看。遠離熟悉的環境，因為熟悉的環境常使人無法擺脫惱人的聯想與思緒。」

又如作者分享運用信念的力量，在從數百位乘客中被船長挑中私人款待。近期我也因閉關十天校準自己的情緒和潛意識後，也認識一些成功大姐們個別的款待。書也有不少我之前沒看過的神奇的故事，例如：「史上最離奇的信念：我就是公主。」寫下《歐寶日記》的女孩，深信自己生來就是公主，後來也真的獲得皇室承認，成為印度公主。

作者也有具體指出在商業世界落地的方法，例如：**力行且全神投入致富的法則**：

．選擇能確保獲利的投資標的或個人事業。當你的投資受到金錢意識引導，你會驚喜地發現，獲利逐漸成長，就能累積越多的財富。

．簽定合約或協定的基本前提是雙方心意相通。除非你能讓對方照你的方式思考，否則很難有進展。但是一旦雙方在主要項目達成共識，剩下就簡單了，簽名蓋章只是時間問題。（這點很共時，因為寫推薦序的期間我也正和律師在協助家人處理漁電共生的合約。）

．渴望獲得財富的人必須往有財富的地方。

《信念的力量》介紹的「卡片方法」和「鏡子技法」也很實用，我也馬上照著在四張名片紙上寫下夢想清單，分別放在皮包、鏡子、書桌和床頭旁。

以這十多年來接觸身心靈領域的經驗，正面的創造思維確實會引導人採取有效率的行動，但思維的力量除了先於行動外，也比行動更強大。

十多年前《祕密》、《失落的致富經典》……等這系列新時代的書在全球經濟大蕭條時扮演了穩定人心的角色。而今在後疫時代，有不少產業受到衝擊，《信念的力量》這本書相信也能協助你在人生難免遇到的靈魂暗夜中找到希望的亮光。

推薦序

邁向幸福的起點：信念

莊凱迪／中華民國生命教練協會理事長、
台中榮民總醫院精神部主治醫師

如果您正在找一本商業經營的書籍，請看本書。如果您正在找一本心理的書籍，請看本書。如果您正在找一本保健的書籍，也請看本書。如果您正在找一本帶來幸福的書，請一定好好讀一讀《信念的力量》這本書。為什麼這本書這麼神奇？其實，神奇的不是這本書，而是我們的心靈。

心靈是這個地球上最強大的力量。看看地球在這幾千年之內的鉅大改變，才多久的時間，地表已經處處建築物林立、交通工具往來穿梭不斷。構成這些建築與工具的土石銅鐵，幾億年來都沒有改變，是人類的心靈，把它們組合在一起，改變了整個世界。

人心不僅推動了整個人類文明，也還有許多未知而神秘的力量。醫學研究發現，祈禱真的可以改變人的健康。即使被祈禱的病人不知道有人在幫他祈禱，也是一樣可以更快恢復健康。現在的年輕人叫做「集氣」，好像人的氣（信念）集合在一起，心誠則靈，就可以有神秘的力量。這個力量怎麼來的？這本書告訴了大家，這是信念的力量。

很多人抱怨，讀了極為暢銷的書，可是達不到書中所說的吸引力法則。我常用個譬喻來回答：「旅遊景點會有兩種不同的冊子，有一種是宣傳手冊，描述美麗風光吸引人來遊覽。有一種是導覽手冊，教人怎麼樣一步步去景點欣賞風景。你拿著宣傳手冊當然走不到景點，想要實際上飽覽風光，你需要的是導覽的手冊。」那些超級暢銷書，是很好的宣傳的手冊，但卻無法幫你實現任何秘密。像是《信念的力量》這樣的書，才是可以幫你具體實現心靈力量的導覽手冊。

《信念的力量》這本書有許多清楚的方法與實際的步驟，讓大家一步步照著施行。如果讀者還是沒有辦法展現信念的吸引力量，請特別注意本書第三章所介紹的潛意識。信念必須要在潛意識中才有力量，一般表淺的意識中的信念是沒有多大力量的。因此，我們必須要能夠將自己的意識與潛意識連貫在一起，深入關照並且覺察到自己的潛意識，讓信念深植入潛意識之中，信念才能夠展現它獨特的力量。

我們的生命就像是一塊畫布，我們的心靈就是這張畫布的畫家，信念則是畫家在畫布上所繪下的底稿草圖，信念決定了整張畫布的主題與佈局。雖然最後還是需要行為與實踐來完成這張圖畫，但是信念在生命中扮演了決定性的角色。您想要擁有幸福的人生嗎？請從信念開始著手，何不就用這本書作為起點呢？

推薦序

這本書開啓了我的潛能，實現自己的願望

你手上的這本書，是一部跨時代的暢銷經典巨著，已經有好幾百萬人讀過了。

一九六六年，我為了念大學首次來到美國，踏上了這片充滿機會之地。當時我孤單一人，身上沒有錢，英語程度也很差，我覺得自己一點勝算也沒有。我要怎麼樣活下去？怎麼付學費？我不禁覺得心灰意冷了。

回想起我小時候，母親常對我說：「如果你想成為一個有成就的人，你首先要常常和那些有成就的人在一起。」她的意思是說，如果你想要快樂，就和快樂的人為伍；想要功成名就，就多多跟在成功人士的身邊；若想喚醒內心潛在的天賦力量，那麼就和那些滿腦子都是創意的人做朋友吧。還有，多讀好書。

於是我決定聽媽媽的話。為了瞭解「成功」背後到底有哪些法則可供借鏡，我結交了很多成功人士，希望他們能給我指引，讓我達成人生目標。這些成就斐然的人士

不約而同地，幾乎全都推薦我閱讀《信念的力量》這本書，所以我也買了一本。

接下來，我發現自己踏上一段充滿探索、不斷成長的旅程。

我在人生中所需要的一切支持和鼓勵，都可以從這本《信念的力量》當中找到。這本書用一種非常簡單、卻極具說服力的方式告訴我們，如何利用「暗示法則」改善我們做事的成效。這本書開啟了我的潛能，讓我從此相信自己，並且還教導我一套完整、非常有效的方法，幫助我拓展並且維持我對自己的這份信念。

舉例來說，作者克勞德．布里斯托在書裡提到，他習慣在桌上的每一張紙上，都畫個$的金錢記號。聽起來很奇怪吧？不過，他可不是隨手塗鴉而已喔，他是在執行一種專為強化「信念的力量」所精心設計的觀想技巧。而且，你可以相信我，這套觀想技巧真的很有用！

事實上，目前已有超過上千家企業或個人，採用了作者在本書裡教我們的「卡片法」來達成預定的目標。我個人也是作者提到的「鏡子技法」的愛用者，常在演講或研討會等場合向與會者推薦這項技巧。然而，本書並不只是單單把一些「自我激勵技巧」加以整合而已。更重要的是，藉著這些技巧，我們可以實踐自己的願望，並且證明「信念」的力量有多麼巨大。

人生戰場有輸有贏，差別只在於有沒有「信念」。本書作者深信，每個人都能成為自己一心想望的那個人，因此他告訴我們如何利用「描繪心靈藍圖」這個技巧，將潛意識化為實際行動。他也勸我們對人生要採取主動，因為所有相信自己、獲得成功的人，都是天生就具備了這種積極、樂觀的態度與性格。許多歷史上的偉大成就，並不是由天資聰穎的人所創造，而是由那些願意深入險境、接受挑戰、超越自己的人所完成。唯有信念，才能成就一切。

請各位讀者像當年的我一樣，開始探索自己潛在的心智力量吧，跟著本書作者學習運用這些不可思議的信念力量。我們每個人都有能力開發這股內在的力量，但只有少數人知道方法是什麼。你絕對可以成為自己內心所想、獨一無二的那個人，前提是你必須抗拒「符合他人期望」的念頭，勇敢築夢，懷抱信念。對自己的信念越堅定，未來就越能達成了不起的成就。這也是《信念的力量》這本書的宗旨。切莫只為了瞭解他人而閱讀本書，請你為自己而讀；請為了將信念的力量運用在你自己的人生、職場而閱讀這本書。

《信念的力量》這本書與一般的通俗作品不同。它裡面的寶貴秘訣都已經過驗證，能幫助你設定目標、達成目標。誠如作者本人給讀者的建議：請各位反覆閱讀、一讀再讀，直到這股力量化為你日常生活的一部分。當你明白自己有能力解決人生的種種挑戰，就表示你已將自己的潛能化為實力了。

尼多・奎賓①
美國演講者聯盟創辦人兼榮譽主席

---

①奎賓（Nido R. Qubein）為美國知名演講者、作家，同時也擔任北美數間大企業之企業顧問，獲獎無數，也曾任「美國演講者聯盟」（NSA）的主席。

目次

「你若能信，在信的人，凡事都能。」聖經，馬可福音九章二十三節

第一章

我如何發現信念的力量

不知道世上有沒有一種東西，它簡單到大多數人都能不費力便瞭解、吸收，可是功效卻大到能讓人克服一切困難，創造卓越的成就？我堅信，一定有這樣的東西。您可以把這個東西稱為力量、特質、能力，抑或科學，怎麼說都行。我撰寫這本書的用意（本書乃是第一本專門解釋「信念」這件事的書籍）也就在這裡：我想讓各位瞭解信念的力量，並且在想用時能立刻派上用場。

大約十五年前，洛杉磯某大報的財經版主編聽完我在洛城的一場演講，又讀完我寫的一本小書《黃色炸藥：撼動地球的力量》之後①，提筆寫了一封信給我。信中他說道：「從天地運行之中，你掌握到某種神祕的定律，某種可以解釋神奇巧合與幸運之謎的道理。」

我當然知道，這一套我偶然發現的方法擁有極大的力量。但不論在當時或現在，我都認為這套方法一點也不神秘，所以我也一直不太明白，為何社會上的一般大眾還不曉得它的存在。幾世紀以來，僅有少數幸運兒識得這個道理；不知為何，一般人卻一直知之甚少。

幾年前，我開始透過演講、寫書傳授這套方法，那時我還沒什麼把握，不知道一般人是否能領會或者掌握。但現在，我親眼見證有人運用此法，讓收入提高了兩三倍，也見到有人成功建立並經營自己的事業、購置房產，或創造可觀的財富，於是我相信，只要誠心相信自己，任何稍有才智的人都能攀上夢想高峰。許多人鼓勵我、敦促我提筆寫第二本書，原本我無意再寫了，直到有位經銷書籍的女士（我的第一本小書由她賣出無數本）用幾近「警告」的語氣寫信給我，我才改變心意。她寫道：

> 你有義務為那些退役的青年男女，以及戰後所有想在這個世上尋找立足點的人再寫一本書，用簡單易懂的方式告訴他們《黃色炸藥：撼動地球的力量》這本書的概念，以及你在其他文章裡提到的新觀念。誰不想出人頭地？而你也充分證明了你的這套方法能夠幫助人成功，而且唯有你能把這方法傳播出去。

我花了好長一段時間才接受這個建議。由於我曾投身一次大戰，多數時間在德國與法國服役，戰後又在關懷退伍軍人的機構任職多年，並加入州立委員會，協助退役人士重新融入社會，因此我清楚知道，有些人離開現實世界太久，要再度順利進入社會並非易事。為了他們、為了所有這些胸懷大志的青年男女，加上我也一心渴望助人，所以我決定再次提筆，更完整、更詳盡解釋「信念的力量」這件事。

我意識到，社會上正有一股強大的負面力量在運作橫行，在支配著我們；這股力量想要消滅自由競爭的精神，讓「控制」取而代之。事實上，競爭力恰好是美國之所以成為一個卓越國家的主要因素。前述這股負面力量企圖摧毀我們最珍貴的兩項資產：獨立思考與進取精神，而自從清教徒對抗獨裁專政、創立美利堅合眾國以來，這兩項珍貴資產一直存在著，延續至今。我相信，我們必須繼續保有先聖先賢傳承下來的這份精神財富；如果做不到，我們未來不管做什麼都會受到少數強勢者的宰制，淪為受人奴役的奴僕，頂多換個比較好聽的名稱而已。故本書也是為了幫助大家培養獨立思考與進取心而寫的。

我知道有些讀者可能會說我是瘋子或神經病，所以請容我先在此聲明：我寫作此書之際已年過半百，擁有多年刻苦經商的實務經驗，也當過幾年新聞記者，剛開始我主跑社會新聞，而社會記者所受的訓練就是「追根究柢」、「小心求證」。後來我到一家大型的都會報紙擔任宗教版編輯，任職期間和不少神職人員、宗教教派領袖、神療師、靈療師、靈媒、基督教科學會的信徒、新思想派、合一教領袖、太陽教或其他偶像崇拜的信眾往來密切，其中當然也包括不少異教徒和沒有宗教信仰的人②。

我在媒體任職期間，英國知名佈道家吉普西．史密斯正好來美國巡迴佈道③。我每晚坐在講台上聽他傳道，看著台下聽眾撲倒在走道上，有人嚶嚶啜泣，有人歇斯底里大吼大叫，這種情景使我感到非常驚奇。

同樣的，當我跟著警方去採訪一場由靈糧堂基督徒引發的騷動時，也讓我倍感詫異。這個教派的基督徒在那次聚會中，有人一時過於激動不慎弄翻火爐，燒掉了整個聚會的場所。我參加人生第一場、也是唯一一場震教徒聚會時④，則是打從心底感到驚奇。當我身處其他唯靈論者的聚會場合時，我也有相同的感覺。有時是在星期三夜晚，我聆聽基督教科學派的教徒分享見證；有時我目睹一群人浸入冰冷山澗、凍得牙齒打顫，卻起身大喊「讚美主」；也有時我看見原住民跳舞祭祀、敬天祈雨，這些事情在在讓我由衷驚嘆。就連知名佈道家比利．桑岱和後來的麥艾美的講道內容⑤，也不斷使我產生「好神奇呀」的感覺。

一次大戰我隨軍駐紮法國期間，看見當地鄉下莊稼人心裡那種單純的信念，也看見村里的教區神父所擁有的力量，同樣令我訝異。發生在法國南部小村落盧爾德的聖母顯靈事件和其他聖地神蹟⑥，再度讓我深感興趣。我在一座非常有名、非常古老的羅馬天主教堂，看見年邁的善男信女為了一睹聖灰甕，竟然是用跪著爬上長長的階梯，這對身體強健的年輕人來說也是很不容易做到。面對這種情景，我只能驚歎了。

我曾因工作需要而接觸摩門教。該教創始人約瑟夫．史密斯的堅定信念⑦，以及他獲得金頁片的啟示等事，教我好生訝異。位於加拿大西部、受到挑釁時會脫衣的杜霍波爾教派也同樣使我驚奇⑧。我常聽人說起夏威夷的巫師「卡胡納」具有神力⑨，可以藉由祈禱致人於死或起死回生。卡胡納的強大力量尤其令我不能忘懷。

早期擔任記者時，我曾在法庭旁觀某個知名靈媒嘗試與「鬼魂」對話。當時法庭裡擠滿了看笑話的群眾。法官承諾，如果靈媒能讓「鬼魂」出聲，他願意當庭釋放這個靈媒。最後鬼魂並未現聲，但我對此深感好奇，因為這個靈媒的追隨者都信誓旦旦說，他們曾在幾場著名的降靈會上見證過鬼魂現身。

多年後，我受託針對警方所稱的「算命詐欺」案件做一系列的報導。為了撰寫這個系列，我遍訪吉普賽面相師、水晶球算命婆、占星術士，甚至乩童靈媒。我聽見所謂「印地安老先知」的聲音，對方把我的過去、現在和未來都告訴了我；我甚至聽見一些我從不知道他們存在的親人所傳來的訊息。

有好幾次在醫院的病房裡，我看到病況不太嚴重的人突然去世，而其他看似病入膏肓的人卻在短時間內好轉，甚至完全康復。我知道有人曾經局部癱瘓，卻在幾天內復原；我也認識一些人，他們宣稱戴上一種銅手環或接受特別的心靈治療，就能治好多年關節痛或風濕。親朋好友告訴過我，他們手上的疣如何突然消失；有些奇聞軼事，例如故意讓響尾蛇咬一口卻好好活著等，我聽到的次數之多，簡直成了家常便飯。各種神祕治癒、神蹟事件等等，我接觸過的就不下百件。

不僅如此，我還特別去瞭解史上諸多偉人的生平事蹟，結識、探訪各行各業的傑出人士，而我總是好奇，究竟是什麼力量使得他們登峰造極。我見過一些棒球或美式足球教練運用某種「方法」，讓原本擺明是爛隊的隊伍團結一心，搖身成為比賽常勝軍。一九三〇年代經濟大蕭條期間，我也目睹不少受到嚴重衝擊的企業，後來徹底改頭換面，創造出優於以往的銷售業績。

顯然我生來就是個滿肚子好奇的人，因為我總是鍥而不捨尋找解釋與答案，永不滿足。這份渴望把我帶到許多奇特的地方，發現了許多奇人異事，促使我大量閱讀與宗教、祭禮崇拜、生理及心理科學相關的書籍。我讀過上千本書，主題涵蓋現代哲學、玄學、古魔法、巫毒、瑜珈、神哲學、基督教科學、合一教派、新思想派、庫維主義⑩，以及其他我統稱為「心靈研究類」主題的書籍，當然也少不了歷代大師的哲學著作與學說。

這些書當中，有些是荒謬無稽之作，有些則稀奇古怪，但絕大部分的內容都非常深奧。我漸漸發現這些教義、學說都有一項共通點，也可說是一條黃金定律，能使一切誠心接納並遵循的人達成目標，那就是：信念。宗教或心靈治療之所以能治癒病人，虔心相信的人之所以能攀上成功的高峰並獲得非凡成果，憑藉的也都是相同的要素——信念。為什麼信念可以創造奇蹟？我們也許永遠找不到滿意的解釋；但不用懷疑，信念確實具有無比的力量。「信念的力量」於是成為經常縈繞在我心頭的一個詞語。

思想能產生無比的力量

我的上一本小書《黃色炸藥：撼動地球的力量》剛出版的時候，我原以為裡頭內容很容易懂，因為我寫得很簡單。隨著時間一年年過去，我發現有讀者反應它太精簡，有些人則表示他們看不懂。其實我在寫那本小書時，我假設一般人對「思考力」這件事應該有相當的認識，但我錯了。我這才意識到，能理解這個主題的人其實不多。後來有好幾年的時間我經常受邀至社團、企業、銷售團體演講，我發現，雖然聽眾對「信念的力量」相當感興趣，但我需要一再詳細解釋，大家才能聽懂。最後我決定用一般人一讀就通的方式來寫《信念的力量》這本書，希望幫助更多人達成人生的目標。

「思維」這個訓練方法與人類的歷史一樣久遠，古今智者知悉也善用過這套方法。身為作者的我只是用現代語言解釋這個主題，使大家明白偉大的思想家如何具體實踐這些流傳數百年的偉大真理。

幸好世人已逐漸明白「心靈力量」的確存在；而我也相信，大眾都想進一步瞭解，並且親身驗證它確實會帶來改變。

我一定會很有錢！

我先分享一些我自己的人生經驗，希望各位聽完之後能更瞭解心靈的力量。

一九一八年初，我以軍人的身分到達法國，但我卻不隸屬於任何正規的部隊編制。我抵達的時間，比我的服役文件記錄還早了好幾個禮拜，可是沒有這份文件就不能領軍餉，於是在這段期間內，我連買口香糖、香菸、糖果之類的錢都沒有。在搭船的過程中，由於船上的伙食實在太差，所以我帶上船的幾塊錢也全數奉獻給福利社了。那時每當我看見有人點菸，腦中便出現「我連給自己買點東西的錢也沒有」的這種念頭。當然，我吃穿都靠部隊，部隊也有住所供我遮風避雨，可是我心裡卻越來越苦惱，因為我沒有錢，也沒有門路賺錢。有天晚上，我隨部隊移防至前線，搭乘的火車擠到根本不可能入睡，這時我下定決心，將來等我重返文明社會，「我一定要變得很有錢」。沒想到，隨著這個念頭，我的人生從此改變。

我從小就愛看書。在我們家，《聖經》是必讀之書。小時候，我對無線電、X光、高頻電學以及類似的電子儀器極感興趣，因此我讀遍所有能找到的相關書籍。我熟悉了放射線、頻率、振波、振盪、磁力影響等這類名詞，不過當時它們對我的意義僅止於電學領域。我首次察覺心靈和電學、振波之間隱約有種連帶的關係，是我在法學院快畢業時，指導老師送我的一本舊書——湯姆森·傑·哈德森在十九世紀末所寫的《心靈現象法則》⑪。我粗淺瀏覽過一遍全書內容，可是看不太懂，或者還沒準備好接受書中深奧的真理。因為一九一八年春天，在那個決定命運的夜晚，我告訴自己，以後我會很有錢，當時我還不知道自己已經為未來的一連串目標奠下基礎，釋放了日後能為我帶來成功的種種力量。事實上，當晚我壓根兒沒想過，思維和信念會為我帶來財富。

兵籍卡上註明我是新聞人員。我入伍後接受過相關的新聞寫作訓練，可是訓練快要結束之際，整個訓練計畫突告取消，我們這些人只好以一般兵的身分來到法國。儘管如此，我依舊自認是合格的新聞從業人員，我相信美國派赴歐洲的遠征部隊應該還有別的更適合我的位置。然而我就跟其他人一樣，有時負責推獨輪車，有時被派去拖沉重的砲彈或其他軍火彈藥。然後有天晚上，在法國東北方圖爾附近的一處軍火庫，我的人生出現轉機了。那晚指揮官叫我過去，問我在第一軍團的司令部有沒有熟人。我回答說，我根本不認識半個人，甚至連司令部在哪裡也不知道。接著他拿出我的派令，要我馬上到第一軍團司令部報到。上面還派一輛車、一名司機帶我去，隔天早上我就在第一軍團司令部負責每日戰況公報的工作，只需對一位上校負責。

接下來幾個月，我常常想到上面派給我的那紙狀令，然後這些念頭開始串連在一起。有一天，上頭突然平白無故下令調我到美國陸軍部官方報紙《星條旗報》；長久以來，我渴望成為《星條旗報》的其中一員，不過卻不曾特別努力爭取。隔天，就在我即將啟程前往巴黎到《星條旗報》就任新職的時候，上校叫我過去，拿出一紙由總司令部人事行政參謀局簽發的電報，提供我另一個新任務。上校問我比較想接這個新任務，還是去陸軍報紙工作。鑑於戰爭即將結束，加上我比較喜歡跟新聞人員相處，於是我表達了想轉調至《星條旗報》之意。我一直不知道那封電報是總司令部誰發出的，但顯然某些因素在背後運作，產生了對我有利的結果。

停戰後，我渴望離開陸軍的念頭日益強烈，我想趕快累積財富，但《星條旗報》卻拖到一九一九年八月才停刊。同年夏天我返回家鄉，然而，我無意間啟動的力量卻已為我和我的財富做好準備、架好舞台了。到家的隔天早上，約莫九點半鐘，我接到一個俱樂部的負責人（戰前我常參加該俱樂部的活動）打來的電話，他要我聯絡投資銀行界的某重量級人物。這位先生在報上看到我返鄉的消息，表示想在我重拾記者生涯前見我一面。我連絡上他。兩天後，我進入投資銀行上班，展開一段相當長的銀行生涯，最後甚至在美國西岸的知名企業擔任副總裁。

剛進入投資銀行時，我薪水很少，但我知道這個行業有很多賺大錢的機會。雖然那時我還不知道要怎麼賺大錢，但我就是知道，總有一天我會賺到我心中的那筆財富。果然不到十年，我不僅賺了大錢，還成為公司大股東，幾項投資也賺了不少錢。那幾年間，我眼前經常會出現生財致富的意象。

許多人心不在焉或講電話時，常常隨手亂畫，在紙上畫一些奇怪的圖樣。我畫的東西則總是和金錢符號有關，我桌上的每一張紙都被我畫上美金符號$$$$。每天擺在我面前的檔案夾封面也被我畫滿這種符號，至於電話簿、便條紙簿，甚至一些重要信件也一樣。我把這個小插曲告訴各位讀者，是因為應用這套神奇力量的竅門就在其中。往後的幾個章節裡面我還會詳細解釋。

這幾年來，我發現社會上最令人感到心煩的問題大多與財務或經濟狀況有關。戰後工作競爭激烈，幾乎有上百萬人面臨財務或經濟困境。不過，要把這個神奇的力量或技巧運用在哪裡，其實沒什麼太大的差別，重要的是這個力量或技巧可以有效幫你完成想要達到的目標，這兩者之間的關連又讓我想再跟各位分享另一段經驗。

啟動神奇的力量

就在我決定寫《黃色炸藥：撼動地球的力量》後不久，我進行了一趟東方之旅，搭乘日本女王號出發，原因是船上的料理頗負盛名。先前我在加拿大與歐洲遊歷時，愛上了「特拉普修道院乳酪」，這種乳酪最早由魁北克省特拉普修道院的修士製作，因此得名。等我上了日本女王號，在菜單上竟然遍尋不著這種乳酪，於是我半開玩笑地對船上的餐務經理抱怨：「我可是為了這道有名的特拉普乳酪，才搭這艘船耶！」經理向我致歉，表示船上真的已經沒有這種乳酪了。後來我不斷想起這種乳酪，越想越嘴饞。有天晚上船上舉辦派對，午夜後一刻，我返回艙房後，赫然發現裡面擺了一張大桌子，桌上有一塊我此生見過最大的乳酪——就是特拉普乳酪！

我後來問餐務經理這塊乳酪是從哪兒來的。他回答：「您第一次提到的時候，我非常確定船上沒有存貨，但您似乎非常想嚐一嚐這種乳酪，於是我去倉庫裡再好好找一遍。結果在貨艙最底層的緊急儲物室找到了。」冥冥之中，那趟旅程似乎也有人在關照我：除了一般的服務之外，我並沒有提出什麼特殊的要求，可是我卻有幸跟副長同桌用餐，還經常受邀到他的私人艙房作客，多次陪他巡視船務。

這趟旅程受到的盛情招待自然令我印象深刻。船抵檀香山時，我下船之後不斷在想，要是回程時也能得到同等的服務，那該有多好。有天晚上，我內心突然有一股衝動想直接回美國去，於是來到票務公司，詢問是否還有船位可供預約，當時已經接近打烊的時分了。對方告訴我，明天中午正好有一班船要離開，並且剛好只剩一張客艙票，於是我就買了這張船票。隔天我在正午前幾分鐘登上舷梯，上船時我還不經意想著說：「上次在日本女王號，他們把你當國王伺候；那麼這一趟，至少也要有船長作伴才行。沒錯，你會跟船長同桌用餐。」

輪船開始啟程往美國本土返航。船才剛出港口，旅客便收到餐務經理的通知，請大家移駕至餐室，由服務人員協助入席用餐。輪到我的時候，約莫已有半數旅客入座了。經理請我出示船票，我把票擺在桌上。他瞥了一眼，然後抬頭看我；「噢，好的，請至A桌5號用餐。」位子就是在船長那一桌！而我就坐在他的正對面！

那段航程還發生了不少事情，都和本書的主題「信念」有關，最令人印象深刻的就是一場生日派對，是為了慶祝我的生日所舉辦。這是船長的主意。其實，我的生日還要過好幾個月才到。

後來我開始到處演講。我想，如果能讓船長把這段過程寫下來、寄給我，為我的故事佐證，說不定不錯。於是我寫信給他。他回信道：「您也知道，人生走了這麼大半輩子，有時候我們就是會突然冒出某個念頭，想做這個，想做那個的。那天中午，我坐在自己的艙房門口，看乘客爬上舷梯；當我看見您登船，一個念頭不知從哪兒冒出來，讓我決定安排您坐到我那桌。理由是什麼，我也說不上來，同樣的道理，我也無法解釋為什麼每次我都能一次就把船停泊在正確的錨位上。」

聽過這則故事的人大多認為那只是巧合，船長只是碰巧選中我而已。我想那是因為這些人還不曉得信念的力量。我敢肯定：這不是巧合，我敢說那位船長（他頗瞭解「信念」的力量）也會同意我的看法。那天上船的人少說有十幾個來頭比我大，身分地位也可能是我永遠無法企及的；我外表沒有任何特殊之處，我只是夾雜在人群裡登船的一名乘客而已，所以船長顯然也不是為了我的穿著或長相，而從數百名乘客裡挑中我接受他的私人款待。

實現夢想的訣竅

關於這套實用的方法，過去已有許多人從各種角度（大多是宗教或玄學）來切入或解釋過一樣的主題；我也知道凡是觸及宗教、神祕學或玄學的話題，人們大多避之唯恐不及。有鑒於此，我決定用生意人的語彙來介紹。商場人士都相信，只要心懷誠意、文意清晰、措詞簡單，一定能順利把商品訊息傳達出去。

只要你相信……

各位一定常聽人說，如果你一心認為自己辦得到，你就一定做得到。拉丁古諺有云：「心想事成，心誠則靈。」信念是一股動力，能驅使你達成目標。假如你病了，但內心深處抱持著「總有一天會痊癒」的念頭或渴望，那麼你康復的機會將大大提高，因為你的信念或最根本的信心就足以讓你的期盼得以實現。請注意，我在這裡說的都是身體正常且心智健全的人，我不會對行動不便的人說，他有朝一日能成為棒球或美式足球頂尖球員；我也不會對長相平庸的女性說，她有機會在一夕之間變成大美人，因為這種機率實在太低（雖然並非不可能，因為現在已有許多先進的技術）。我也堅信，一旦有更多人學會運用這股心靈力量，我們將會目睹更多奇蹟出現。最後，我永遠不會潑人冷水，阻止任何人想做任何事，因為人生漫長，什麼事都可能發生，唯有信念堅定、心懷希望才能實現夢想。

英國傑出醫師暨科學家亞歷山大．坎農博士曾以思維為題發表著作⑫，在全球各地引起熱烈討論。這位醫師表示，雖然大家都說斷腿的人無法像螃蟹一樣長出新螯來，但如果心裡不排斥這種可能性，還是可能長出新腿來。這位知名科學家宣稱，如果潛意識最深處的想法改變了，我們就有可能像螃蟹再生螯爪一樣，長出一條新腿。我知道這番話聽起來荒謬又不可思議，但誰知道未來有沒有可能成真呢？

我常和一群醫師共進午餐，他們全是內外科各領域的專家，假如我把「人能長出新腿」這個想法說出來，他們一定會安排我做精神狀態評估之類的檢查。但是我發現，他們之中有些人，尤其是才剛從知名醫學院畢業的人，已經不再對於「信念」這件事充耳不聞、視而不見，他們不再否認「思維」確實可能造成身體功能失調，也可能治癒疾病。

動筆寫這本書的幾個禮拜前，有位鄰居來找我，告訴我他手上的疣是如何神奇消失的。某次他去醫院看病，在前廊散步時聽見另一位病人與朋友對話。那人的朋友說：「你想除掉手上這些疣？好，先讓我數一數到底有幾個疣，然後它們就會不見了。」我鄰居說，他看了看講話的那位陌生人，然後說：「既然你這麼厲害，那你也幫我數數看？」那位老兄依言照辦。我的鄰居回家後並未多想，直到有一天，他突然注意到自己的手，結果那堆長得亂七八糟的疣全部不見了。

有一天我把這件事告訴一群醫師。一位頗具威望的專科醫師（同時也是我的朋友）嗤之以鼻斥：「胡說八道！」然而，坐在他對面的另一位醫師卻聲援我（那陣子他在醫學院教書），表示已有不少醫學案例證實「暗示療法」當真有效，並且也應用在皮疣治療上。

當時我好想問這群醫師，他們有沒有人知道，哥倫比亞大學醫學院早在一九四五年一月就成立全國第一個心理分析暨身心門診，目的就是為了探討潛意識，還有身體和心靈之間的關係，但我一句話也沒說。因為我知道，在這個話題上，我寡不敵眾。不過我也十分確定，在場沒有一個人記得，幾年前報紙上和醫學期刊登過一篇報導：一位姓海姆的瑞士地質學家以暗示療法除去手上的疣。這位海姆先生在報告中也提到，還有一位同是瑞士籍的布洛克博士，也用心理學與暗示的方式達到相同目的。

我和那群醫生之間有關疣的談話結束後沒多久，媒體大幅報導了加拿大權威醫生佛德烈克．卡爾茲的研究結果⑬。他斷然表示暗示療法確實有效，許多病例都能用這種方法治療，甚至還能應用在傳染性或病毒引起的皮疣。卡爾茲醫師在一九四五年間《加拿大醫學協會期刊》⑭刊出的文章中寫道：「世界各國皆有各種治療皮疣的神奇方法……從『使用蜘蛛網包覆患部』到『新月之夜於十字路口埋蟾蜍蛋』等不一而足；只要病人願意相信，這些方法全都有效。」

他描述治療皮膚病的經驗時指出：「我開給病人的藥膏，其實是完全相同的，然後再說幾句話鼓勵他們。這個方法對部分病人沒什麼效果，但有些人卻好得特別快。」他也指出，這法子用在放射線治療尤其有效，就算醫技師沒有將機器調至最高照射功率，甚至只是假裝進行放射線治療，這兩種情況下對患者也都能達到良好的治療成果。從卡爾茲醫師的研究報告裡，我們可以找到許多成功案例，說明了「信念的力量」能夠有效治癒皮疣以及其他皮膚病症。

還有一次，我和一些醫師朋友聊起心電感應，我提到說，有不少厲害的學者及相關領域的學習者都相信真有此事；我還提到已故名醫亞利希斯．卡瑞爾⑮（洛克斐勒醫學研究所名譽教授），他不僅是心電感應現象的忠實信徒，同時他還宣稱，歷史上當真有確切的科學實驗證實，人類可以將想法投射到另一個人的心上，即使距離很遠也一樣辦得到。

「唉，這傢伙只是老了，得失心瘋了。」同桌的另一名專科醫師說道。他是美國醫學協會成員，也是一位名醫。

我詫異地看著他。因為一九三五年，卡瑞爾教授將這些想法集結成著名的《未知的人類》（Man, the Unknown）一書出版。該書推出後，他立刻被視為當代最尖端的醫學科學家與研究人員。各位一定也還記得，他的研究使他獲頒諾貝爾獎。

擴展你的視野境界

我和這群醫生朋友並未因此起爭執，因為他們都是為人誠懇、專業能力高超、心胸開闊的好人，其中有幾位甚至與我私交甚篤，我也非常敬重他們的為人。但我之所以提起這段往事，其實是為了強調，有些醫學專家，尤其是只關注自己專業領域的人，常拒絕接受其他的可能性，或者排斥與其所學或宗教信仰相牴觸的觀念。這股抗拒並不僅限於學醫的人，其他如商業等領域在內，各行各業的專家學者也是一樣，他們對本業以外的領域所知甚少，想像空間也很狹隘。我曾多次提議想拿些書給這些專家看，但多半只得到一種回應：沒興趣。

這種情形真的很矛盾。許多人受過非常精良的專業訓練，卻對自己專業之外的領域相當無知；他們大力抨擊思維的力量，也不願意花時間深入瞭解信念的力量。**然而，他們每一個人（所有成功的人）都在使用這份信念的力量，自己卻渾然不覺。**許多人只相信他們願意相信、或符合其價值體系的事物，他們以偏概全，將他們所不知道的事情一概駁斥。現今的文明世界乃是由無數前人的思想信念發展而成，然而這些前人的新思維剛出現時，同一個世代的無知卻使他們受盡嘲笑、污衊，甚至被人釘上十字架。我撰寫這本書的時候，不禁想起十九世紀末英國小說家瑪麗·柯蘿莉在小說裡寫過的一段話⑯：

一般人常因為懶惰或不在意，而使自己錯失某些優勢，同時卻認為佔有這些優勢的人純粹只是幸運。這樣的想法，足以令懦弱的人產生嫉妒，使無知的人產生怒氣……門外漢根本無法理解我們生活周遭神祕的精神世界，因此在他們眼裡，那個世界的論點、內容就跟一本闔起來的書差不多，是一本他們很少去注意、或不敢嘗試打開的書。或許為了這個理由，先聖哲人往往將自己深厚的學問智識隱藏起來，不讓一般大眾知曉，因為聖人已準確無誤地預見心胸狹隘與偏見所造成的限制……對於自己學不會的，傻子嘲笑以對，以為嘲笑能掩飾愚蠢，顯示自己高人一等。

（摘自《永生》）

然而，今日許多偉大的研究者、思想家、知名科學家皆已打破沉默，公開討論「信念」這個話題，並分享他們的實驗成果。不久前，通用公司知名工程師查爾斯・史坦恩梅茲⑰在過世前說：「未來五十年，人類文明最重要的進展將是『精神國度』，也就是靈魂、思想等一類的事。」西北大學心理學教授羅伯・高特博士⑱亦曾表示：「我們對於人類潛在的心靈力量，僅略知皮毛。」

由於有太多人出書立著，描述或書寫神祕力量、不明力量、神祕學、玄學（超科學）、心靈醫學、心理學、正教、邪教等等相關主題，導致大多數人認為這些全都是超自然現象。也許其中有幾項確實屬於超自然範疇，但我的結論是，這些力量都必須從「信念」這個觀點來解釋。唯有在人類擁有信念時，這些力量才得以發揮作用。

這些年我應邀於各午餐會、中小企業、業務團隊發表演講，也曾上廣播節目向許多聽眾介紹信念的力量；在這段期間，我見過不少只能以「驚人、非凡」來形容的現象。不僅如此，誠如我之前提到的，許多人將「信念」的法則運用在生意或事業上，收入竟提高兩倍、三倍甚至四倍；還有一些人得到的回報甚至遠遠超過這些。我的檔案夾裡滿滿都是各行各業的來信，述說他們是如何運用「信念」的力量達成目標。

用身體力行來改變你的思維

我突然想到可以拿美國西岸最著名的業務人員艾希利・狄克森做例子。幾年前他主動寫信給我，表示「信念」幫助他賺進超過十萬美元的收入。他說，起初他從學術角度研究這個主題，卻始終無法完全信服，直到四十三歲那年才有了變化。那時他戶頭裡只有六十五塊，沒有工作也找不到工作，於是他決定向自己證明「信念的力量」確實有效。我取得狄克森先生同意，在此引用他來信中的幾段話：

這時我讀到你的書《黃色炸藥：撼動地球的力量》，書中把我過去所知道的一切整理成可用、可實踐的方法，感覺就像第一次見到尼加拉瓜瀑布一樣震撼：誰都知道世上有尼加拉瓜瀑布這個地方，但親身體驗後才算是確認它的存在。不僅如此，《黃色炸藥》把我過去所知、也正在使用的方法化成文字印出來，詮釋的方式也更清楚明確。我可以天天讀，天天用，天天懷抱這些想法直到完全實現、印證為止。

「如果換算成金錢，你這段信念的經驗究竟讓你獲利多少？」一般人幾乎都會問這個問題，因為他們想聽到實際的獲利數字，用多少錢來計算信念的價值。如果是這樣，那麼容我把答案告訴你：我四十三歲那年破產，當時還得賺錢養家；但是從那年起到現在，我已賺進數十萬美元，其中大多是以保險、年金的方式給付。我用三萬美元賣掉原本只值五千元的公司（這五千元當初還是借來的），現在正在談一紙十年合約；就算在我好吃懶做的情況下，這合約的價值也能讓我淨賺五萬，若我努力工作，那麼鐵定不只這個數額。我可不是自吹自擂。這是過去十年發生在我身上的真實故事……這個成果無法用立竿見影的方式達到，也不可能在一天或一個月之間達成，但它真的實現了。

一九三四年，在經濟大蕭條盪至谷底的那段期間，「美國商業促進會」⑲駐西岸某大城的會長耳聞我這套「信念的力量」的方法，也聽某些企業或個人說到他們採用了信念的力量，從此人生或事業就不一樣了。於是這位會長決定進一步調查我是在做什麼的。後來他公開讚揚我，寄了封信來說：

我曾說過，「過去一年來，我發現『信念法則』比其他任何因素或力量，更能有效刺激商業發展。」這段話是根據許多企業主的陳述所做出的結論。他們運用這套信念法則，成功經營事業。當我初次聽見您那些「驚人成果」時，我的態度傾向質疑——這未免太荒唐、太不切實際了。但是經過我自己的調查，我跟許多使用這套方法的企業主、或收入提高兩三倍的業務人員談過，也親自去聽了好幾場您的演講，開始深入探究，結果完全明白了這套法則蘊含的驚人力量。雖然我們無法讓所有人在短時間內接受這個概念，但可以預期的是，那些願意接受並遵循您指導的企業或個人，一定能獲得意想不到的驚人成果。您已完整示範了信念的法則，也證明這套法則可行，我要為您的慷慨分享與付出，獻上由衷的感謝。

後來這位先生一路步步高升，在另一個城市的商業界爬到極高的地位。最近他又寫信給我，告訴我他目睹過的實際例證，證明信念發揮的成效。

有許多人或者企業曾經寫信給我，講述他們是如何使用信念的技巧而獲得驚人的成果。我撰寫這本書時，決定追蹤那些來信者的後續狀況，結果發現從最初寫信給我的那個時候到現在，他們每一位仍不斷發展，有所成就，毫無例外。其中最突出的要屬道爾・奎爾先生。他在美國殘疾退伍軍人會是個響叮噹的人物，長期活躍於美國西北部的各項退伍軍人活動中。一九三七年，他寫信給我：

剛開始，我實在很難完全接受您的概念，但我的環境和我的身體狀況使我不得不強迫自己去理解它、接受它，最後我終於茅塞頓開。我的經歷可作為見證，讓我說給您聽。一九二四年二月，我的人生遭受重大打擊：下半身癱瘓。不管到哪兒都得用拐杖，但就算如此，也只能走一段極短的距離，慢得跟蝸牛一樣。像我這樣一個曾任銀行主管、在商場上呼風喚雨的人，一時實在很難適應這種被迫退休的狀態。我有政府賠償金（政府判定我的殘障是在大戰服役時造成的），所以日子還過得下去，然而在一九三三年，政府改變心意，把我從賠償名單剔除，我不得不自力更生。我眼看著自己的家庭、財產都將消失，這景象實在令我發愁，未來也沒了希望。

我別無選擇，只好開始力行您詳細解釋的這套信念法則。堅持的人終有回報。也許是因為我的身體狀況受到限制，我無法立刻結束我成立的保險暨會計公司而另謀出路，只能繼續經營下去，卻也因此受到客戶眷顧。堅持能帶來信心，持續工作能導正心態，最後引向成功。雖然我還沒達到我想要的目標和地位，但我一點也不在意，因為我過得很好，我有積蓄，也已經學習到邁向成功的公式了。當你心裡明白是怎麼回事，你就不會恐懼，所有阻擋你走向美好人生的障礙物也移開了。

我初次見到奎爾先生時，他才剛成立自己的事業，只有一張桌子，地點在水電行前面。隨後幾年，我開心看著他一再更換營業地點，事業也突飛猛進，蒸蒸日上；如今，在西部某大城主要幹道上，某大樓一樓整層都是他的辦公室。我深知他成功的故事會是重要的例證，當我去信問他，是否可在書中引用他早期寄來的幾封信時，他回信道：

只要您認為我的故事能幫助其他人，那盡管用吧。另外您也可以再補充一點：現在二十街和山迪街那整區都是我的，我手下還有二十二名員工。我剛買下山迪街上介於二十八和二十九街之間的一塊商業用地，打算在那裡蓋我自己的辦公大樓。我誠心盼望每個人都願意虛心向您請益。

當初我領會到信念這個道理時，並不知道之後會寫成書，我原本只是想利用這套技巧拯救我自己的公司免於破產。那時我擔任某知名投資銀行的副總裁，公司陷入經濟危機，眼看就要完蛋了。我不知道當時是福至心靈還是怎麼，我在手邊沒有任何筆記或參考資料的情況下，只花了五個鐘頭就把《黃色炸藥：撼動地球的力量》的草稿完整口述出來。在我蹦出寫書念頭的同時，心頭也不斷浮現「宇宙意識」這幾個字，只不過在那個當下，這幾個字對我毫無意義。一直要到《黃色炸藥：撼動地球的力量》出版、紐約某位女作家讀到了這本書，我才明白「宇宙意識」這幾個字的意思。她來信告訴我：

說真的，我依照《黃色炸藥》闡述的這套哲學過日子已經有十年了。它讓我沒花半毛車資便到了紐約，讓我在週薪只有三十元的爛工作時，成功把作品版權賣給出版社……我去了好幾趟歐洲，買得起皮草大衣，全拜這套哲學所賜。

同一封信中，她建議我讀讀理查．穆里斯．巴克博士撰寫的《宇宙意識》⑳，書裡有許多關於「覺照」體驗的精彩陳述。我看了嚇了一跳，因為我發現自己的經驗與巴克博士提到的「覺照過程」幾乎一樣。在我那本小書最初的草稿中，我本來是用「耀眼白光」這幾個字來描述我的經驗，但後來我把這幾個字改掉了，簡單帶過，因為我把草稿拿給一位朋友看，他建議我換一個詞，因為「一般人應該無法理解『白光』到底是什麼意思，可能有人會覺得你在亂寫。」所以我改了。雖然那一個段落我寫得語意含糊，但讀者們應該能理解那道「光」的意義。不過，那個信號、那次體驗將永遠留存在我的記憶中，因為在那短短幾秒之間，我獲得的知識與領悟，遠遠超過幾年研讀所累積的智識與學問。

就在同一時期，我也突然領悟：我的公司之所以走得如此跌跌撞撞，並非肇因於外在的經濟威脅，而是來自內部成員的錯誤心態。我們全都屈服於巨大的恐懼思維，深怕大蕭條會削弱我們的鬥志，將公司一路往下拖、走向財務災難：災難是被我們這股毀滅性的思維吸引過來的。於是我想到，若要拯救公司、對抗大蕭條，我只需要做一件事：反轉所有與公司有關的人的思維。我立刻著手進行。結果，整個企業與員工都改頭換面了。

我明白，在學院派的心理學家眼中，我的某些陳述簡直是荒誕不經；然而每天有成千上萬的人身體力行信念的法則，證實它的效果。至於各位，我的讀者，你們只需要思考一件事：這套法則究竟適不適合自己？而證實是否有效的唯一方法就是親身嘗試。

以善勝惡

一旦開始運用關於信念力量的技巧，各位就能明確體會到，不管怎麼運用都能有所獲得。我要再度重申我已經提出過的警告：切莫使用來加害他人或做壞事。

自有人類以來，世界就存在「善」與「惡」這兩股巨大但微妙的力量。兩者在其各自的領域與循環中都擁有極大的影響力。操控善惡的根本力量來自心靈，集合眾人的心靈力量即可操縱善惡。有時邪惡佔上風，有時良善奪回主控。歷史上的強大帝國都是建立於心靈的力量，而我們也從歷史記載得知，這些帝國往往毀於心靈力量。

若各位仔細閱讀本書，深思琢磨，你會明白信念的技巧可以產生強大的破壞力，也能產生出善意、具建設性的結果。信念跟水、火等自然力量一樣，都是人類最重要的助力，卻也可能引發恐怖的大災難，端看這股力量用於正向或破壞的意圖而定。

因此，請讀者務必慎重小心，切莫誤用這個心靈力量。我要一再強調這一點，原因是若利用它去害人，或為了不當意圖而使用它，最後必遭其反噬。數百年來，這樣的例子層出不窮；這話並非空談或誇大，而是我最嚴重的警告。

① 《黃色炸藥：撼動世界的力量》（TNT: It Rocks the Earth）是作者在一九三二年出版的小冊子，也是本書的前身。

② 此處所提到的幾個宗教或支派，分別為：基督教科學會（Christian Science Society）創辦於一八六六年，中心理念便是不用藥物醫治疾病，只要保持信念就能痊癒。新思想教派（New Thought）認為上帝無所不在，每個人都擁有無窮的智能潛力，只要抱持正確的思想就有療癒能力。太陽教（Mithraism）起源於波斯，顧名思義是崇拜太陽的宗教。

③ 吉普賽．史密斯（Gypsy Smith, 1860–1947）本名是羅尼．史密斯（Rodney Smith），因為由吉普賽人撫養長大而得此外號，一八七六年受洗成為基督徒之後便四處傳道，是美國相當有名的佈道家。

④ 震教派又稱震盪教派（Shakers），因教徒在做禮拜時會激烈狂舞顫抖而得名。

⑤ 比利．桑岱（Billy Sunday, 1862–1935）原本是美國職棒國家聯盟的傑出外野手，後來投身傳播福音，對二十世紀初期的美國社會影響深遠。麥艾美全名艾米．賽波．麥佛森（Aimee Semple McPherson, 1890–1944）有個別名叫艾米姊妹，美國知名佈道家，她嘗試運用媒體傳教，結果成效斐然。

⑥ 法國小村盧爾德（Lourdes）聖母顯靈發生在一八五八年，據傳聖母瑪利亞在十四歲少女伯納德面前顯靈，並引領她徒手挖出山泉水，治癒了村民的痼疾，這股聖水至今仍然不竭。

⑦ 喬瑟夫．史密斯（Joseph Smith, 1805–1844）是摩門教派創始人，教徒視他為先知。

⑧ 杜霍波爾教派（Dukhobors）起源於俄羅斯，一般認為是屬靈基督教派的一支。

⑨ 卡胡納（Kahuna）在夏威夷語中代表了「教士、法師、巫師、牧師」等等多重身分，可說有全能者的意思。

⑩ 法國心理學家艾密爾．庫維（Emile Coué, 1857–1926）提倡一種正向自我暗示療法，認為這個方法能夠改善心理疾病，還有助於自我成長，最具代表性的一句話就是：「每一天，我在每個方面都愈來愈好。」

這個方法也被稱為庫維主義（coueism）。

⑪湯森．傑．哈德森（Thomson Jay Hudson, 1834–1903）是美國知名精神病學學家，他在一八九三年出版《心靈現象法則》（The Law of Psychic Phenomena），提出潛意識的觀點，解釋了當時許多不可解的精神疾病。

⑫亞歷山大．坎農醫師（Dr. Alexander Cannon, 1896–1963）是英國知名精神醫師，曾經為英王艾德華八世治療過酒癮問題，另外也因研究超自然現象而聞名。

⑬弗德烈克．卡爾茲醫師（Dr. Frederick Kalz）是加拿大知名皮膚科醫師。

⑭加拿大醫學協會期刊（Canadian Medical Association Journal）創刊於一九一一年，至今仍持續發行。

⑮亞歷克西．卡雷爾（Alexis Carrel, 1873–1944）是法國著名外科醫生，於一九一二年因研究血管及器官移植而獲諾貝爾醫學獎，著有《未知的人類》（Man, the Unknown）一書，是優生學發展初期的經典著作。

⑯瑪莉．柯羅利（Marie Corelli, 1855–1924），知名英國小說家。《永生》（The Life Everlasting）是她一九一一年的作品。

⑰查爾斯．史坦恩梅茲（Charles P. Steinmetz, 1865–1923）出生於德國，大學畢業後移民到美國，並發表交流電應用理論，後來加入通用電器公司，對美國電力發展有偉大貢獻。

⑱羅伯．高特（Robert Harvey Gault, 1874–1971）在美國西北大學教授心理學三十餘年，專長是犯罪心理學。

⑲美國商業促進會（Better Business Bureau）創立於一九一二年，目標是建立公平有效的市場，讓買賣雙方能建立互信的關係。

⑳理查．莫里斯．巴克（Richard Maurice Bucke, 1837–1902）是加拿大重要的精神病理學家，他最重要的理論就是「宇宙意識」（cosmic consciousness），他認為宇宙存在一個相互連結的意識網絡，讓每個人的意識可以互相連結。另外他也有關於「覺照」（illuminations）的描述。

第二章

心靈力量的實驗

為了讓各位更清楚理解什麼是「信念」，我先說明人的思想、思維與其造成的現象。人的思想到底是什麼，沒有人真正瞭解，大家只知道它是一種心智活動；但是，如同其他眼睛看不見的東西，比方說「電」，我們無處不見思維的力量。從孩童的行為、表情上可以看見思維；從老人家、動物，甚至不同的生物身上也同樣看得見。我們越是潛心思索、研究思想，就越能瞭解思想的力量有多強大、多了不起、多麼廣大無邊。

讀到這裡，請看看你的四周。如果你坐在有家具的房間裡，你的眼睛會告訴你，你正在看著沒有生命的物體。若從視覺感知的角度來看，這種說法並沒有錯。但事實上，你所看見的物體，都是從人類的想法、概念加以創造而來的。人動腦思考，有了思維，然後才生產出家具，造出玻璃，製作出窗簾和簾幕等物體。

汽車、摩天高樓、跨越天際的大飛機、縫紉機、縫針——這每一樣東西，這數百萬件物體，最初是怎麼來的？萬物起源，都可追溯到一個源頭：思維。若更深入分析這個奇特的力量，各位就會明白，我們的成就，甚至我們擁有的一切，全都是思考創造力的結果。作家愛默生①說：「思維是行動的開端。」一旦明白這點便能理解，我們所處的世界乃是由思維所主宰；心之所念，形於萬物。誠如佛陀在數個世紀前所言：「我即我念，我念即我。」

我們終將成爲我們潛心想望的人

你的人生就是你的思考，以及你思考過程的結果。人類的骨骼、血肉可以分解成百分之七十的水和一些微量化學物質，但你之所以為你，乃是因為你的心靈和思維。成功的祕訣不須外求，而是深植於人的內心，就在人的思維中。

比方說，思維可以讓侏儒變成巨人，卻也常把巨人變成侏儒。歷史上有無數例子證明，思維如何使弱者變強、強者變弱，而我們身邊也經常可見思維奏效的例證。

如果沒有思維的驅動在先，你不可能做出吃、穿、趕公車、開車、散步或讀報等動作，甚至連舉手也不可能。也許你會認為，這些動作或多或少屬於無意識行為（有些可能是生理反射），然而你這輩子所走的每一步，不論往哪個方向前進，背後都存在一股驚人且強大的力量——思維。

你走路的方式、你的行為舉止、你的談吐、你的穿衣風格，全都反應你的思維模式。體態懶散是思想懶惰的跡象，而機警、抬頭挺胸則是有自信、有內在力量的表徵。外在反映內在，每個人都是自我思維的產物。你相信自己是怎麼樣的人，就會成為那樣的人。

思維是財富、成功、獲利、所有偉大發現、發明以及成就的根本。沒有思維就不會有偉大帝國，不會有豐厚的財富，沒有橫跨美洲大陸的鐵路網絡，也沒有現代便利設施；沒有思維，我們的生活可能不會比原始時代進步多少。

思維主宰了性格、職業，甚至日常生活。因此，我們不難理解「思維可以成就一個人，也能毀掉一個人」這句話的意思。「無論善惡，所有行為或反應皆始於思維」，瞭解這個概念後，各位應該更能體會《聖經》裡所說的，「順著慾望撒種，必從其慾收敗壞」（或云「種瓜得瓜，種豆得豆」），以及莎翁所謂「世間本無善惡，端看個人想法」的智慧之語。

英國著名物理學家亞瑟・艾丁頓爵士②曾說：「毋庸置疑，人類生存的宇宙是由人類心靈創造出來的。」另一位同樣頗負盛名的物理學家詹姆斯・晉斯爵士③認為：

「宇宙是由某個偉大至高心靈的思維創造出來的，這個偉大心靈潛藏在我們所有人的心靈內，也統領著我們所有人的心靈。」很顯然我們這個時代最偉大的科學家與思想家不僅與古代智者心意相通，而且他們也認同了本書所說的基本法則。

幾乎從有人類出現的時候開始，人類的樣貌便是由那些領悟到思想具有強大力量的人所形塑。所有偉大宗教領袖、統治者、勇士、政治家皆深諳這點，深知人是依思維行動，也會反應他人思維；特別是面對比自己強勢、更具說服力的思維時，反應尤其明顯。因此，思維敏捷的人為了達到支配、控制的目的，往往會利用「吸引他人心靈」的這個方法達到目的；有時會帶領眾人朝向自由，有時則是導向奴役之路。自古以來，人類好像未曾研究或試著瞭解思維，但我們的確應該瞭解它，學習運用這股強大的力量，以便改善我們的生活。

我以前常嘲笑那些談論「念力磁場」的人；我對於思維本身與思維的對象之間產生關聯的方式，或者思維如何不分遠近影響人和其他無生命物體等話題，亦嗤之以鼻。但現在我不再嘲笑以對，其他稍微瞭解思維這股力量的人想必也跟我一樣，因為任何有智慧的人遲早會明白，思維足以改變整個地球的面貌。

愛爾蘭已故名作家暨詩人喬治・羅素④曾說過：「我們終將成為我們潛心想望的人。」這點無庸置疑。心有所想，事有所成，羅素這位詩人用他一生的表現清楚地向我們證明了這點：他既是偉大的作家、演說家、畫家，也是成就非凡的詩人。

各位必須謹記，許多想法、思維並非只屬於個人，也不是源自於我們自身。他人的思維也會透過日常生活所見所聞（譬如閱讀報章雜誌，欣賞電影、戲劇或聆聽廣播，甚至不經意聽到路人交談）來形塑、影響我們。這些思維時時刻刻挑戰我們，其中有些與我們內心深處的思維一致，有助於開展我們的人生視野；但我們也經常受到惱人的思維攪擾，削弱我們的自信，使我們背離原本更高的目標。這類外來念力經常招來麻煩，稍後我將告訴各位如何避開。

黃金國定律

因果法則亦適用於心靈運作，但一般人很少深入思索。就算有人聽過「一切從心，無一涉外」或「心靈是一切力量的源頭」等諺語，也很少嘗試去瞭解這些話背後的意涵。關於心靈運作，我認為一九三二年十二月十日《商業金融紀事報》有篇文章解釋得最好。一百多年來，這份刊物被稱為「商業金融界的聖經」，我取得該報同意，將〈黃金國〉這篇文章的部分文字引用如下：

黃金國（也就是擁有數不清黃金珠寶、富冠古今的神祕國度），就在每個人的家門口，象徵富足的礦脈就藏在你腳下。運勢是可以掌控的。儘管一般人常歸因於狗屎運、貪婪、強取豪奪或先下手為強，但其實一切源自於心，無一涉外……無論個人或群體應該都是生來有權享受富足的生活，這是不爭的事實，宗教與哲學早已如是說，歷史與科學也已有例證。聖經上說的「……教人得生命，並且得的更豐盛」就是這個道理。無論你所求的是什麼，只要付出代價就是你的。這條法則的應許，並沒有上限，但索求的事物越珍貴，代價也就越高。無論我們想得到什麼，都必須拿心靈金礦來交換……

我們該去哪兒尋找象徵全能之力的寶貴黃金？只要找到自我，就等於找到寶藏，同時也找到了自由、財富、成就與豐足。這是唱高調嗎？並不是。自古至今，美國歷史與傳記就是最好的證明。只要我們留心，就可以看見鐵一般的明證。若非抱持權力、統治、實踐的決心，人類不可能完成任何重要、永恆、偉大、動人的成就。瞭解自我的人立刻就知道，所有物質的形體和想法，前者如金錢，後者如信譽，皆有心靈層面的對照或基礎。供需法則僅適用於經濟原則，對已覺醒的人而言，世上只有具體化的精神法則。無論是重力、化學親和性、大宇宙、小宇宙……在他們眼中都以同一種法則運作。

長久以來，美國一直是最偉大的黃金國。在這座舞台上，有最多的人已經完成了自我追尋，並且持續努力開發思維的礦脈，不斷充實自我，造福人類，創造奇蹟。在這個黃金國裡少有剝削或搾取，卻有源源不絕、供擁有開放心胸的人隨意取用的恩賜，同時依照最初的擁有者（即永恆的擁有者，也就是造物者）所傳達的交換原則，將恩賜慷慨分送到每一個人的手裡。在那些已經發現自我、態度積極的人眼中，金錢、信譽、資本都能為他們所用……一八四九年，四名年輕、勇敢的美國人在加州發現了金礦而一夕致富，但其實在這之前，他們早就找到心中的金礦了，最後那實體的黃金礦脈乃是必然的結果。「如果真有黃金……」他們給彼此打氣：「我們一定能拿到屬於自己的那一份。」

詹姆斯．希爾⑤也是擁有可觀精神財富的人。他在渺無人跡的茫茫曠野中，建造橫貫美國北部的「大北方鐵路」，從未知的起點通往未知的終點。他瘋狂打造出一個鐵路帝國，運用精神力量將森林原野變成無數個黃金國度；憑著相同的力量，他也獲得了經營阿姆斯特丹、倫敦市場所需的資金與聲望，並且讓數百萬美國人在冰冷的西北地區找到屬於他們自己的富礦。

發明家愛迪生晚年時曾說：「靈感來自宇宙。這話聽起來可能頗令人驚訝，甚至難以置信，但這是真的。靈感來自於宇宙間。」愛迪生一定懂得這個道理，因為很少有人能夠像他有這麼多的靈感，能想出那麼多的新點子。

讓我們一起尋找心中的黃金國吧！心靈的力量豐沛充足，足以源源不絕供應你的一切需要。有句話說得好：「要怎麼收穫先怎麼栽。」我們缺少的不是力量，而是意念。當一個人發現真正的自我，他的意念將自動導航，設定為朝黃金國邁進。

完整、強大的想像力能將一切事物化為實體顯現。十六世紀的偉大醫師帕拉賽爾⑥說：「人類心靈力量是如此偉大，無法以言語形容。若我們能正確理解人類心靈，世上將沒有不可能的事。信念激化想像力，使其變得具體，但只要有一絲懷疑就會無法發揮作用。信念必定也能強化想像力，因為信念能堅定意志決心。」是否有信念乃取決於個人，而能否得到救贖（不管你怎麼想）也是取決於個人。只要能尋得自我，就會產生信念，讓人清楚領悟自己在永恆之中的定位。美國這個黃金國度正是由這些有自信、信念堅定之人打造出來的。希臘古語說：「識汝之本。」瞭解自我，這永遠是最重要的原則。瞭解自我的人將永遠居於黃金國度，暢飲青春之泉，永遠沉浸在期望的喜悅中。

努力還要加上……

這篇文章中引用帕拉賽爾的那段話，值得一讀再讀，深入研究；一旦掌握箇中含意，找到方法應用，對於「如何功成名就」必然會更有所領悟。但我必須指出一點，單靠埋頭努力還無法成功。這個世界充滿許多努力工作卻一事無成的人。除了努力，成功絕對還需要另一項必要因素，也就是創造性思考，並且堅定相信自己有能力，可以實現自己的想法。歷史上的成功人士都是因為有想法而成功，雙手只是大腦的助手而已。

還有一點很重要。成功的另一要素是強烈的渴望，思維與目標必須一致，全神貫注，永不懈怠。每個人對成功的定義不盡相同，可能是財富、名聲，也可能是地位或智識。但不論想要什麼，只要你認為是自己這一生最渴望獲得的，你就能得到。你也許會說：「哪有這麼簡單！」但其實一點都不困難，只要以信念為動力，你便能將所有內在力量化為實際行動，這些行動反過來會幫助你達成目標。已婚的讀者應該還記得當年追求心儀的女孩時，那種興奮和悸動。當然，這段過程絕不輕鬆（應該是很辛苦才對），但重要的是你當時運用的方法：打從有了娶妻念頭開始，一直到結婚那天，渴望「覓得人生伴侶」應該是你心頭最重要的一件事。這份信念、這個念頭伴隨你度過每天的每一分鐘，說不定連作夢也常夢到。

目標要明確

讀者想必現在已經明瞭思維與渴望在我們日常生活中扮演了什麼樣的角色，那麼接下來各位要做的第一件事就是：明確知道自己要什麼。如果你只是跟其他多數人一樣，抱持「我想成功」這種普通想法，那麼就太含糊、太籠統了。你必須在心裡描繪出一幅清晰圖像。問問自己：我要往哪裡前進？我的目標是什麼？我曾經明確想過自己真正想要的是什麼嗎？若以財富而論，你能說出精確的數字嗎？若以成就來說，你能明確說出是什麼樣的成就嗎？

我之所以提出這些問題，乃是因為這些問題的答案將決定你今後的人生。教人意外的是，一百人之中能給出答案的不到一個。一般人大多只有「我想成功」的粗略想法，除此之外完全說不出個所以然。他們老是以為，只要今天自己想要有一份工作，工作明天就會從天上掉下來，接著後半輩子就有指望了。他們就像漂在水面上的軟木塞，漫無目標，隨波逐流；要麼是沖上岸，不然就是吸飽水，最後沉入水底。

最重要的是，你必須知道自己這輩子到底要什麼，要往哪個方向前進，你必須要鎖定目標，牢記在心。這是最根本的概念。想要一份工作，跟想要一份更好的工作，想要一幢新房子、一處別墅、或只是一雙新鞋，都一樣：你必須先有明確的想法，才能得到想要的東西。

從點燃「渴望」開始

不過需要和渴望是兩種截然不同的概念。舉例來說，你可能為了工作而「需要」一輛新車，但你可能為了讓家人開心而「想要」（渴望）換車。對於工作用的新車，你只當是必需品；但是為家人買的新車，你會設法盡快得到。你會為了得到後者而加倍努力，因為那是你從不曾擁有的東西，使你的責任加重，迫使你向內心找尋新的力量，向外謀求新的辦法。要渴望新事物、不同的事物、可能改變你人生的事物，才會使你更加付出、更努力。這就是信念的強大力量，憑藉著它便能啟動蘊藏於內在的力量，為自己的人生增加我所謂的「附加價值」。

因此，若你希望達到某種成就，或想獲得更多的成果，首先請從點燃「渴望」開始。渴望是每個人心中最強大的推動力。沒有這股能克服一切阻礙的渴望，人不可能有所成就、有所獲得。然而，大家也都知道，想成功光靠渴望是不夠的。

習慣就是信念

玄學認為，思維為實體，這種說法大體來說也許沒錯。可是如果從思維對個人的影響來看，那麼我們就會發現，除非運用思維或透過想像力賦予想法生命力，否則想法不會落實成真。

首次接觸這個概念的讀者可能還不太懂，讓我舉幾個例子說明，各位就會更清楚了。比方說，一般人會建議雨天出門要穿雨鞋，許多人也聽過「如果不穿雨鞋，會感冒生病」的說法。但這個說法從來不曾影響過我，連一丁點也沒有。我從小就不穿雨鞋。常常我的腳和鞋子都被雨水淋得溼透，而且一淋溼就是好幾個鐘頭，但我不記得曾經因此感冒過。有些人非常害怕著涼，但我總是認為，如果有人因為風吹雨打而感冒，那無疑是「恐懼」的念頭使然，而非風雨本身。我每天吹風好幾個鐘頭，每天晚上都是睡在房子角落的房間，兩面牆都開窗，風經常吹到我身上，但我從來不曾因此感冒。因為我從來不這樣想。

但是，如果有人已經習慣下雨天穿雨鞋，那我不會建議改掉這個習慣，也不會建議怕著涼的人長時間吹風。人一輩子的習慣、信念及其所造成的結果是不會一夕之間改變的。

心靈的科學

幾個世紀以來，不少偉大的思想家都曾經宣稱，人可以透過心靈使事件發生，以心靈控制事物；越是深入研究這門科學，就越能領會人的心靈力量有多驚人。

創造福爾摩斯神探這個角色的亞瑟．柯南．道爾，其實也是英國心理研究學會多年的成員⑦，他認為，思維同時具有建設與破壞的力量，類似聖經上的「信心可移山」的道理。他還說，雖然結果清楚地擺在眼前，但他還是不知道這股源自人內在的力量究竟為何，竟能讓將固體的物質分解成微粒。柯南．道爾的這番話，可能會讓唯物主義者嗤之以鼻，但各位請想想雷達的原理，以及無線電波如何穿透木頭、磚塊、鋼鐵及其他固體。如果思維具波動性，能調高振幅，那是不是就有可能影響組成固體的分子呢？

許多職業賭徒宣稱，在玩牌、擲骰子、輪盤賭局之類的投機遊戲中，強大的心靈力量往往能為他們帶來好運。我自己也認識一位這樣的人，他只要到雪茄店的戳戳樂抽獎板前一站，沒兩下一定能抽到最大獎。有次我問他這件事，他說：「我只在想去抽獎的時候，才會去。也就是說，那個當下我的心裡已經設定在『我相信會贏』的狀態中了。我發現，如果我心裡有一絲懷疑，就絕對不會中獎。不過話說回來，我已經不記得自己哪次沒抽中了，因為在做抽獎的這個動作之前，中獎的念頭早已經牢牢嵌在我心裡了。」

各位可能認為我在胡說八道，但請再耐心聽我說。不知讀者是否曉得，在二十世紀的上半葉，一些知名大學的心理學系已著手進行實驗，想確認心靈是否具有影響實質物體的力量，而實驗結果也證實這股力量確實存在。雖然這些實驗結果還未完全公開發表，但還是有報導不時出現，提出一些事實根據。

念力觸動骰子

杜克大學的喬瑟夫·萊恩博士⑧與其同仁的研究可說是這些研究中最出色、最了不起的。他們證實「念力」不再是毫無根據的說法，而確實是一種能影響實物的心靈力量。

萊恩博士的實驗始於一九三四年，他們在實驗中用機器裝置來投擲普通的遊戲骰子，以避免任何人為影響或作弊。經過多次試驗、扔了數百萬次骰子之後，萊恩博士根據結果提出說明：「的確，受試者在完全沒有以身體接觸骰子的情況下，依然能夠影響骰子擲出的點數，此外我們找不出更好的解釋了。」

當實驗進行時，受試者是與投擲機、骰子保持距離，避免身體接觸，同時集中精神冥想心頭浮現的數字。結果顯示，受試者幾乎每次都能控制骰子擲出的數字。在幾次實驗中，受試者利用念力控制骰子所得的點數，甚至徹底推翻傳統數學推算出來的機率，因為其中有一組特定數字組合，按照數學機率推算，發生率為數百萬分之一，但卻能在實驗中一反常態連續出現。

請各位花幾分鐘想一下以上所提的實驗結果，想想箇中含意。這些實驗應該能讓各位大致瞭解這幾年常聽到「什麼樣的想法就會產生什麼樣的結果」、「想法與想法投射的對象是相關的」、「想法是什麼就會吸引來什麼」等類似陳述的含意。記得《聖經》裡的人物約伯曾說：「我所恐懼的臨到我身。」恐懼的想法和積極、正向的想法同樣都具有創造力和吸引力，恐懼的想法會招引來麻煩，就像樂觀正向的想法能帶來好的結果。所以，有什麼樣的想法就會產生什麼樣的結果。一旦能瞭解這點，各位就應該略微領悟到這股驚人的力量，而這是人人都有的力量，也能善加利用。

但我仍堅信，思維雖然能創造事物，而且影響的範圍遠超過人類所能理解的限度，但思維仍只能依照它本身的調性、強度、情緒素質、感受深度、振動波幅等因素來產生作用。換言之，就像廣播電台發射的功率及無線電波長一樣，思維的創造力或影響力，也和思維的持續性、強度、力量之間存在一定的比例關係。

具有如電流般力量的思維

雖然已經有人提過各種解釋，但至今仍無人知曉思維究竟是以某種形式的電能，還是其他未知的形式存在。之前我曾參與過「高頻電流」相關試驗（高頻電流是電學研究的一門分支，由電學天才尼可拉·特斯拉首度提出⑨），所以每次只要想到思維與思維的輻射性質或振動性質，我總是直覺聯想到電能以及電能的相關現象。對我而言，從這個角度更容易理解思維是什麼。

我發現，在思維這個領域其實也有人和我想法一樣，因為科學家已經研發出精確的實驗儀器，可以忠實記錄人類的腦波活動。這些儀器目前主要用來判定人類的心靈狀態，但科學家也考慮用這些儀器來研究情緒、夢境、罕見疾病等。

耶魯大學的哈洛．布爾博士⑩與同事歷經十二年研究，終於在一九四四年做出以下結論：「所有生命體自身都會產生一種電氣場，環繞於其自身周遭，而且生命會以電能的形式與全宇宙連結。」多年來，神祕主義者、神祕學者、玄學者皆表示，所有個體都擁有自己的氣場。另外也有無數的案例顯示，氣場是實際肉眼可見的。只是在耶魯大學公開研究結果以前，我怎麼找也找不到足以解釋思維與電能現象有關的實際例證。

希臘神話中的煉金術士赫爾墨斯與古代煉金哲人都曾講述過振波理論。西元前六世紀的偉大幾何學家暨哲學家畢達哥拉斯則認為，「所有存在的萬物都是一種振波。」這是當今電子科學理論最基本的概念。因為所有物質皆由電子（帶負電）和質子（帶正電）組成，也就是說，物質含有帶電的粒子或電荷，所以能不斷與其他粒子或電荷產生作用與反作用力。由於我還找不到更好的語彙，所以暫時先以「振動」或

「振波」代替。當帶電粒子的振動「頻率」改變時，物質的形式或形態也會隨之改變。大家都知道，物質與所謂的固體不同處就在於振動的結構不同，也就是電子與質子的排列方式不同。

明白了上述道理，我們就有可能理解遠古煉金術士所宣稱「將平凡金屬（或元素）轉成貴金屬」是如何辦到了（例如把鐵、鉛變成銀和金）。這些煉金術士還宣稱，他們能用同樣的力量治病。以輻射研究聞名於世的英國物理學家拉塞福也曾以電子理論⑪，更明確解釋這種普通元素或金屬可以轉換的理論。

我們的神經系統唯有藉振波才能觸動，換句話說，我們的五種感官是藉由外在事物發出的振波，才產生視覺、聽覺、觸覺、味覺、嗅覺；一旦瞭解這一點，我們就能更瞭解振波的本質。舉例來說，我們聽得見噪音是因為接收到音波振動；看見綠葉，乃由於眼睛接收到色彩光波振動，再傳至大腦。不過，我們身邊有許多振波頻率遠超過五感接受的範圍，因此永遠無法察覺，例如「犬笛」的音頻高到只有狗才能聽見。

「按手」的身體能量

各位應該都聽過「按手」的力量。大多數人也知道，用手輕輕按摩太陽穴能紓緩頭痛。這會不會是因為指尖傳送出電流造成的？《聖經》上有非常多故事，提到耶穌用手一摸，病人的病就好了。難道原因就藏在「振波理論」這門寡為人知的電學領域中？布爾博士主張，所有生命體都能產生「電氣場」環繞自身，這真的有辦法產生脈衝，讓我們藉由振波的方式，將指尖或心靈的力量灌注至他人或物體上？住在高緯度地區的人走過房間再觸碰金屬物體時，應該都曾感覺過、甚至看過電火花。這是摩擦生電（靜電）的原理，而透過這個原理，我們多少也可以瞭解身體如何產生電能。

在耶魯研究人員展示的實驗記錄照片中，有一張是試驗者將沒有傷口的左、右手食指指尖分別浸在兩杯鹽水中，鹽水接上電流計；電流計顯示有一道電流從左手（正極）流向右手（負極），電壓為一點五毫伏特。另一張照片則是兩根中指浸在鹽水中，其中一根指頭的指尖帶有輕微割傷；但這一次，兩隻手的電極相互對調（左手變負極、右手變正極），電壓上升至十二毫伏特。

看著這些照片，我想到多年前才由法國科學家希波萊．巴拉杜克博士⑫改良的一種儀器「生物檢測儀」。該儀器由一座鐘型玻璃罩和銅針組成（銅針用絲線吊在玻璃罩內），銅針下方有片圓形紙板，紙板上有刻度。

受試者將兩座生物檢測儀並排放置，然後雙手懸空擺在玻璃罩上方半吋的地方，專心對著靜止不動的銅針冥想。受試者只要改變心態或思考傾向，銅針就會因此受影響，一下往左一下往右轉動，轉動方向完全依受試者的思維流動方向而改變。

還有一個簡單的實驗可以驗證類似原理。取一張大約三吋見方、重量適中的紙，沿對角線對折兩次，折出兩條交叉的對角線；攤開紙張，這時紙張形狀會變成像被壓低的金字塔。再拿一根長針，刺穿軟木塞，讓針尖露出軟木塞約一吋；將軟木塞放在倒放的水杯上（針尖朝上），這樣雙手與紙張都可自由移動。將紙張放在針尖上（針尖刺入對角線交叉點，這樣紙張可繞著針尖轉動），平衡放好，記得要讓紙的四個面都朝下。

將玻璃杯、插上針的軟木塞與紙張放在密閉無風的室內桌上，也請遠離熱源或窗戶，排除熱流或氣流的影響。接下來，將雙手放在紙張兩側，十指併攏，做包攏狀，但手掌與手指必須與紙張保持半吋距離，讓紙張能自由旋轉。在心裡命令紙張開始在針上轉動。剛開始，紙張可能會搖晃，也可能緩緩朝順時針或逆時針方向旋轉；但是，如果雙手保持不動，全神貫注想著紙張往某個方向轉動，紙張會開始動起來，最後抵著針尖飛快轉動。如果是在心裡命令紙張改變轉動方向，紙張會先停下來，然後再朝反方向轉動。當然，前提是不能朝紙張吐氣或吸氣來影響轉動方向。

這個紙張轉動的實驗，有很多不同的解釋，諸如手掌的熱氣或某種身體反射影響了紙張。如果紙張只循著單一方向轉動，那麼上述的解釋就可以被接受；但如果抱持著耐心和信心，專注想著，經過幾次練習後便能讓紙張朝一個方向旋轉，接著改變想法，亦能讓紙張朝另一方向轉動。顯然，這個實驗的原理跟生物檢測儀的實驗原理是一致的。

另一個類似實驗則是在一張圓形小紙盤上，寫上一到十二的數字，像時鐘數字那樣排列。這種小紙盤有個名稱叫「玫瑰十字轉盤」，是由「玫瑰十字會」所發明⑬。在紙盤中央用一根長針穿過，針尖上平放著一張箭形的銀色薄紙片。將紙盤放在盛滿水的杯子中，紙盤下方的長針要浸在水裡。試驗者先用雙手微微包圍在水杯上半部附近（靠近小紙盤與箭頭），然後在心裡命令箭頭旋轉、改變方向，或停在心裡所想的數字上。請各位要記住一點，因為心靈力量、專注程度和內心投射的影響力因人而異，所以在這類實驗中，並非每個人都能得到滿意的結果。

強烈的正面思維

假如手（尤其是手指）真能以某種形式發出電能，如果思維（無論有意識或無意識）真能產生振波，然後形成動力波或磁力波，那麼我們是否就能解釋以念力使桌子憑空浮起、筆自動書寫、扶乩、碟仙（通靈板）及許多通靈及超自然現象？除了耶魯大學研究人員得出結論，認為「所有生命體都被自身電氣場環繞」之外，杜克大學也持續深入探索，希望可以進一步證明物體會受思維或其他類似的力量影響，我們也因而漸漸可以接受菲立普．湯瑪斯博士⑭提出的看法。湯瑪斯博士是西屋電子公司的研發工程師，根據一九三七年的新聞報導，他在美國電機工程學院猶他分部曾發表以下論點：

可以確定，我們的說話、動作、思考都是藉由某種形式的輻射完成的。我們認為這應該是「電」輻射。相信在不久後的將來，我們應該可以利用電脈衝來理解並詮釋這種由人與思維所產生的輻射。答案指日可待。

有些讀者可能不太瞭解何謂思維輻射，我在此先簡單解釋。我們如果把小石頭扔進池塘，石頭立刻會在水面激起一串漣漪或波紋；漣漪或波紋會以同心圓的方式向外擴散，直到接觸岸邊才會停止。石頭越大，激起的波紋就越明顯。如果把兩顆重量及大小都不同的石頭，從相隔不遠的兩處地點同時扔進水裡，兩顆石頭都會激起波紋，波紋會朝彼此接近，最後交會。兩組波紋相交時會彼此較勁，看何者能夠凌駕或越過另一方。就視覺觀察到的而言，若兩組波紋大小一樣，在交會時看起來像是同時停止或合而為一；若兩組波紋大小不一，則波紋較大的一方會掃過較小的一方，之後再形成新的波紋。

把這個現象跟你心裡的念頭一起聯想。比方說，有時候某些念頭會壓過其他念頭，或反過來被其他念頭抑制。這樣便可以瞭解，當念頭越強烈、思緒越專注，速度就越快，振波也越強烈，而且越能夠掃開較弱的振波，越快創造成果。

各位應該都聽過或看過不少關於思維層次、意識深度、專注程度、信念強度等主題的資料，而這些主題全都跟心靈力量的強弱度有關。若要讓夢想成真，就必須時時想望著、建構完整的心靈藍圖，或者透過想像力觀想抱負與夢想實現的畫面，在心底看見渴望的目標，就像已經真的擁有（譬如房子、車子）一樣。

我在研究過所謂的神祕學說、精神科學各門派，以及一般正統東正教的教義之後發現，這些學說或教義能產生多大的效用，端視信徒或追隨者相信到什麼程度。禱告也是，不論是教堂儀式或純粹個人的祈願都一樣。

不過，我不得不說，許多人在禱告時只是嘴裡唸唸有詞，內心卻壓根不信會應驗，結果他們的禱告當然也從未應驗。我常想到一個老婦人的故事，她宣稱自己相信禱告，要出門去買東西前一天，她祈禱明日陽光普照；但禱告完，她往窗外一看，發現有幾片烏雲，馬上忍不住補上一句：「但我知道明天一定會下雨。」

一九四四年秋末，以嚴謹作風著稱的《週六文學評論》⑮登出一篇史學家托馬斯・薩格魯⑯的文章。他寫道，心靈治療正蓬勃發展，到處可見。他在文中舉出幾個驚人的真實案例；一名行動不便、手指因關節炎而彎曲變形的六十二歲婦人，在學習瑜珈式呼吸之後，所有病痛竟徹底消失了。薩格魯教授描述，那位婦人在康復以後，見過她的人都以為她只有四十歲。另一名婦人則透過玄學的超自然方法，同樣獲得極佳治療成果，外人猜測她的年齡，竟然比實際年齡年輕十五歲。他還提到某位退休傳教士，過去十二年來一直進行靈界現象的實驗，亦獲得驚人的結果。

我們由此只能歸納出一個結論，那就是所有宗教、信條、學說都是因為個人篤信才有效。而這證實了信念所具有的驚人力量。

內在的力量

奧地利知名精神分析學家西格蒙・佛洛依德，他的著作被現代精神病學家視為圭臬，而且他讓世人開始關注到這項假設：「每個人內在都擁有一股強大的力量，這種力量獨立於意識之外，屬於心靈還未被世人理解的部分，而且這股力量無時無刻不在形塑我們的想法，影響我們的感受和行為。」有些人稱這部分的精神力量為靈魂，某些玄學家還宣稱它位於太陽神經叢〈心窩〉；有人稱它為「超我」、內在力量、超意識、非意識、潛意識……等等，另外還有各種不同名稱。這股力量不是器官，也不是生理物質（例如像我們所知道的大腦），科學家也還未在人體內找到它的確切位置。

儘管如此，它的確存在於人的內在，而且自有歷史記錄以來，人類便知道它是存在的。古人通常稱之為「靈」，帕拉賽爾稱之為「意志」，也有人稱之為「心」，並把它視為大腦的附屬物。還有人稱它是「良知」，也就是從內在發出「堅定微小聲音」的地方。另外有些人稱其為「慧根」，並斷言它是「無上智慧」的一部分，而我們每個人都與無上智慧相連結，因此才有涵蓋所有生命體（包括人類與動植物）的「宇宙心靈」這個名詞。

不論大家怎麼稱呼它，我傾向用「潛意識」來稱呼。因為大家都同意，潛意識是生命的本質，擁有無窮無盡的力量。潛意識從不曾歇息，當我們歷經艱難時，它是我們的重要支柱，在我們即將遭遇迫切危機時發出警告，而且它經常幫助我們完成看似不可能做到的事。潛意識常以許多不同方式指引我們；若使用得當，還能創造所謂的奇蹟。

客觀來說，潛意識會接受意識的指揮或請求，聽命行事；但就主觀而言，潛意識的活動主要都是自主運作的，至少看起來是如此，只不過偶爾潛意識的運作看起來似乎是受到外界影響。

讓這個世界聽你的

物理學家亞瑟．愛丁頓爵士⑰曾說：「我相信心靈擁有影響原子組的力量，甚至可能擾亂原子行為；尤有甚者，也許這個世界並非依賴物理定律運作，而是受人類的自由意志左右。」

一旦各位徹底領會這段話，應該會大吃一驚。從電子或振波理論來理解，應該就會容易瞭解什麼是「潛意識」。

研究信念力量的人都知道，人類可以透過直接與潛意識溝通來做到哪些事。許多人已經運用潛意識獲得財富、權力、名聲、治療病痛，解決無數生活問題。這股力量完全任由你差遣，而各位所要做的就是相信這股力量，並且運用本書所述的技巧。當然你也可以自創一套方法，讓它發揮作用就行了。

已故的專欄作家達納．史利斯⑱以對美國鄉村文化的觀察而著稱。有一回他告訴我，他覺得潛意識幫助他不少，不僅讓他創意不絕、文思泉湧，還幫他找到不見的工具和物品。史利斯有時離群索居，在偏遠山中以務農和撰寫專欄為業；他深入研究過潛意識，常找我討論，我們也常寫信交換意見。

史利斯有一封信是這樣寫的：

潛意識真是神奇，我真不懂為什麼大家不想多瞭解它一點，學著利用它。我靠它解決問題的次數不勝枚舉。我寫專題報導的點子大多都是在種田整地這種粗活時出現的。找不到工具時，潛意識更是一下就幫我找到了。

東西不會不見，只是放錯地方而已。它就在我隨手一放或亂丟的地方，等著我去找。常常，我把工具放錯地方，潛意識會告訴我去哪個地方找。我當真就在那個地方找到了。潛意識就是這樣發揮作用。舉例來說好了，我有一把摺疊小刀，尺寸剛好，很好用，但有時我不知道放在哪裡或掉到哪兒了，這時我會喃喃自語說，「小刀啊，你在哪兒呢？」然後我閉上眼睛或凝望遠方一會。雖然不見得每次馬上就想起來，但只要有答案，就總是瞬間閃現，接著便引導我到放小刀的地方。這個方法每次都奏效，就連斧頭、耙子跟其他常常被我隨手放在某處的工具都找得到。你也知道，我們搞新聞的一向沒什麼條理，總是亂七八糟。

以前我很不會記人名。可是我發現，雖然我忘了某人姓啥名誰，但只要先觀想他或她的外表，慢慢對方的五官輪廓、眼珠子或頭髮的顏色、穿衣風格等等就會浮現出來，然後潛意識就會幫我輕鬆想起此人的姓名。

我不知道自己是從哪兒學來這招的。不過，只要我想記起某件事、某段故事或一下閃過腦海但又想不起來的某個片段，我會先放鬆，抬起頭，把右手放在額頭上方幾吋的地方，有時我則會閉上眼睛凝視遠方，這招幾乎總是奏效。

大家別忘了，一切發明，偉大的樂曲、詩、小說以及其他原創作品，都源自潛意識。只要先將訊息或一些想法放入潛意識，接著真誠深切地渴望潛意識能發揮作用，最後結果自然就會出現。有句古話說：「一旦我們開始編織，上天就會送來紗線。」這話再對也不過了。

當你開始運用這股助力，「磚塊」就會自動堆砌在正確的位置上，彷彿有隻施展魔法的手對磚塊施了法一樣。然後結果必然以最驚人的方式出現。幫助你實現目標的點子或創意會如雨後春筍般從各處冒出來。

看似巧合的事其實並非完全是巧合，而是完成你在編織夢想時所建構的目標藍圖。

我十分確定，許多站上人生高峰、獲得驚人成就的人並不知道潛意識的存在，更不知道自己的成就是靠這股力量完成的。

我住在山中，遠離人群與塵世，常覺得貼近大自然的人比其他人更有運用潛意識的優勢。我相信，總有一天科學會證明，潛意識具有驚人的力量，跟其他強大力量一樣，塑造、掌控著我們的生活。

短暫閃過的念頭，幾乎在一出現的瞬間就消逝，雖然這些念頭有可能慢慢累積、形成力量，然而真正能讓潛意識發揮作用的是一直維持著想法，念茲在茲；或者如之前提到的，要在心裡描繪出明確的藍圖。

有很多方法可以加快意識振波頻率，啟動潛意識發揮力量。有時單憑一個聲音，或人與人之間的一個眼神再加上一兩句話，就能立刻激發意識的力量。人生總有遭遇重大危難、陷入困境或承受巨大壓力的時候，這時不論是獨自一人或有人相伴，都逼得我們必須即刻採取行動，習慣當機立斷的人常能立刻得到潛意識的協助，當你清除意識心靈中所有的雜念與矛盾思緒（也就是「讓意識靜默下來」），潛意識才能發揮作用。

讓思想成為行動

將潛意識化為實際行動的最有效方法，就是描繪出心靈藍圖，也就是運用想像力，將你渴望出現在真實生活中的事物或情境完整描繪出來。這個方法一般稱作「觀想」。而連續、持久的心靈藍圖或意象，大多來自堅定的信念。透過信念與它奇特的力量，可以讓無法解釋的奇蹟出現，讓奇妙的異象產生。這裡指的信念是一股「深植於內心」的意念，是一種正面、積極、深入全身每個組織細胞的堅定信念，就如俗語所說的「全心全意」地相信。要說它是一種情緒狀態也好，說它是精神力量或某種形式的電波振動也行，隨你怎麼說，但就是這股力量能促成一切卓越成就，啟動吸引力法則，並且讓持續維持的想法與其投射的對象緊密連結。這份信念能改變你的心靈速度或思考頻率，並且像一塊大磁鐵一樣，牽引潛意識開始運作，進而改變你的氣場，影響你周遭的一切，甚至是遠處的人事物。信念有時能替你的生活帶來驚人的結果，而且常常是你做夢也想不到的。

關於信念，《聖經》上的例證多不勝數。對許多宗教、兄弟會及政治組織而言，「相信」是入會的先決條件。大家都在尋找擁有信念並捍衛信念的人，因為擁有信念的人充滿了強烈信念所發出的振波，他們往往能創造出奇蹟，也就是我們常說的「不可思議」之事。信念具有點石成金的力量，也是所有正教邪教成立的基礎。

---

①愛默生（Ralph Waldo Emerson, 1803–1882）是美國相當重要的散文作家與詩人，文中提倡個人主義及崇尚自然，對美國知識份子影響深遠。

②亞瑟．愛丁頓爵士（Sir Arthur Stanley Eddington, 1882–1944）是英國天文學家、物理學家及數學家，愛因斯坦用德文發表相對論之後，由愛丁頓爵士用英文介紹給英美學界，因而聲名大噪。

③詹姆斯．晉斯（James Hopwood Jeans, 1877–1946），英國物理學家、天文學家及數學家。

④喬治．羅素（George William Russell, 1867–1935）是愛爾蘭作家與詩人，曾寫作探討神秘主義，信奉神智學。

⑤詹姆斯．希爾（James Jerome Hill, 1838–1916）曾監督建造加拿大及美國鐵路，參與大北方鐵路（Great Northern Railroad）工程，有「帝國建築師」之稱。

⑥帕拉賽爾（Paracelsus, 1493–1541）出生於瑞士，是文藝復興時期頗富盛名的醫生、天文學家及煉金師。

⑦亞瑟．柯南．道爾爵士（Sir Arthur Conan Doyle, 1859–1930）是蘇格蘭醫生兼作家，著作種類繁多，但最出名的便是偵探小說福爾摩斯（Sherlock Holmes）系列。他也是英國心理研究學會（British Society for Psychic Research）的成員。

⑧喬瑟夫．萊恩（Joseph Banks Rhine, 1895–1980）是美國植物學家，後來轉研究超自然心理學及心理學，在杜克大學創立超自然心理學實驗室，並創辦《超自然心理學期刊》（Journal of Parapsychology）。

⑨尼可拉．特斯拉（Nikola Tesla, 1856–1943）是出身塞爾維亞的美國發明家，他對電磁應用的研究奠定了無線電波通訊的基礎。

⑩哈洛．布爾（Harold Saxton Burr, 1889–1973）曾任教於耶魯大學醫學系教授解剖學，後來因研究神經系統，轉向研究電磁學，發展出電氣場（electrical aura）理論。

⑪厄尼斯特．拉塞福（Ernest Rutherford, 1871–1937）是紐西蘭化學物理學家，被稱為核子物理學之父。

⑫希波萊．巴拉杜克（Hippolyte Baraduc, 1850–1909）是法國物理學家及超自然心理學家，最著名的事蹟便是宣稱人死亡時會有一股霧狀物質離開身體，他相信那就是靈魂。

⑬玫瑰十字會（Rosicrucianism）的紀錄最早見於十七世紀，是一個古老的神秘教派，目的是協助人類靈性發展，玫瑰十字轉盤（rosicrucian dialette）便是教派發明的工具之一。

⑭菲立普·湯瑪斯（Philips Thomas）曾任西屋電子工程師，也曾任教於美國電機工程學院（American Institute of Electrical Engineers）。

⑮《週六文學評論》（Saturday Review of Literature）創刊於一九二四年，專門刊載評論家文章，發行逾六十年才停刊。

⑯托馬斯·薩格魯（Thomas Sugrue, 1907–1953）是美國三、四〇年代的重要作家。

⑰亞瑟·愛丁頓爵士（Arthur Eddington, 1882 - 1944），著名英國物理學家。

⑱達納·史利斯（Dana Sleeth, ?–1936）是美國知名時事評論專欄作家。

第三章 潛意識

法國知名心理學家古斯塔夫・傑雷①曾著有《從無意識到意識》一書，他寫道：「不論有名無名，不論喜不喜歡心理分析，舉凡藝術家、科學家或作家，一定都親身體驗過潛意識無可比擬的力量。」他認為，當意識與潛意識關係和諧互補、緊密合作，就能過著最圓滿的人生。他同時指出，十九世紀以前關於潛意識的心理學研究徹底遭到漠視，潛意識頂多被視為疾病或意外引發的異常現象罷了。

由於潛意識在「信念力量」上扮演舉足輕重的角色，因此，如果各位能更清楚詳細瞭解潛意識，知道它在哪裡、如何單獨運作、如何與意識合作，將能更快瞭解信念力量的法則。你會發現，本章的某些內容在稍後幾章會再次提到或反覆討論。而既然重複法是這套法則中很重要的技巧，所以反覆說明一些內容，應該也同樣有效。再者，越快瞭解這套法則，就能越快實現渴望的目標。

在向各位說明潛意識為何時，我有時得用到一些科學詞彙，因為目前對於潛意識的所有瞭解，實際上都來自全世界著名心理學家的研究和實驗。也許各位剛開始會覺得有點難懂，不過只要反覆多讀幾次，就能透徹理解，建立穩固基礎，進而活用。

我曾在本書的第一章向各位提過，當初我是因為哈德森所著的《心靈現象法則》才開始研究「潛意識」，它極有可能對每個人的日常生活都有所幫助。後來我又讀到其他著作，幫助我更深入瞭解潛意識，例如葛拉博和法瑞爾所寫的《潛意識會說話》、富特的《力量的泉源》、醫學博士普林斯的《無意識》，以及漢金的《常識及其養成》等②。現代的研究已經找出意識與潛意識的關係和功能，我不懂要透過這些研究結果讓大家瞭解這兩者，更會說明如何明確運用和掌控意識與潛意識的力量，來實現個人的理想。

意識與潛意識

「每個人的內在都蘊藏著某種潛能，不論有沒有被開發出來，只要『渴望成功』的念頭出現在一個人心中，這股潛能就會幫助他成功。」──《潛意識會說話》的作者如此寫道。人類一直都知道這股奇特、不尋常的力量，然而一直要到兩個世紀前，心理學家才開始以它為題，進行實驗研究，並且命名為潛意識。作家愛默生必定已經意識到人類心理的二元特質，因為他在《日記》裡寫道：「我發現人有兩種心理狀態，當處於其中一種心理狀態時，便無法記得或想起在另一種心理狀態發生的事。我之前曾花了十二個月完成《日子》這首詩作，但現在我卻忘了自己是如何構思出來，也不記得修改過哪些地方，現在要我再寫類似的作品，我還真寫不出來，我只有一些證據能證明這詩是我寫的，比如我的手稿上有這首詩，還有我曾經把詩抄下來，拿給幾位朋友看過等等。」

現在的社會大眾已經普遍能理解意識和潛意識這兩個詞，也都知道每個人都擁有兩種心理狀態，各有各的特質和力量，在某些情況下它們能夠獨立運作。意識是在大腦中運作，這點應該不難理解，因為每當你專心思考的時候，總能在腦中感受到意識正在運作。有時想得太專注或太久，甚至會頭疼、兩眼疲勞、太陽穴咚咚跳動。而且你可以回想起這些思緒是從何而來的，也許是從曾經看過、聽過或讀過的東西，也可能是跟工作或家庭有關的新點子，或者是延續自好久以前曾經默想過的念頭。重點是，任何思緒都跟已經存在於意識中的事件有關。有時你滿心想解決難題，卻因為想不出辦法而越來越焦躁、氣餒，導致你決定「放棄」、「算了」、「拋在腦後」；這種感覺經常出現在夜晚睡不著覺的時候，因為煩躁的思緒不斷敲打、盤旋在你的腦子裡。在你決定「算了」的那一刻，原本的思緒就會開始下沉，彷彿正往下落到你內在的某處。這時意識中的緊張感慢慢減弱，很快你就會睡著了。隔天早上醒來，你的意識又再度把問題挖出來思考，這時有可能你心中突然出現一幅心靈藍圖，在這個藍圖上你看見問題已經完全解決，也看見所有重要的指示，知道要採取哪些適當的行動。

當思緒或念頭從意識釋放出來之後，究竟跑到哪兒去了？還有，到底是何種內在力量解決了難題？眾所周知，許多作家、演說家、藝術家、作曲家、設計師、發明家和其他創作工作者，從很久以前就有意或無意地在運用潛意識的力量。關於這一點，美國小說家路易·布洛姆菲爾德③曾寫過一段話提到：

> 我很久以前就有一個非常有用的發現，應該有其他作家也發現了，那就是人的心靈有一部分（心理學家稱之為「潛意識」的部分）會在我們睡著或放鬆、甚至在從事跟寫作完全無關的工作時，展開活動。我發現這部分的心靈是可以操練的，可以訓練它井然有序地運作。已經不知有多少次，我早上醒來時，發現一些困擾已久的問題，譬如某個寫作技巧、情節或角色，早就在我睡著時完全解決了。潛意識的作為乃是由天生的直覺加上累積的經驗組成，它的判斷非常準確；比起長時間理智思考所得的判斷，我總是比較相信潛意識的決定。

相信你現在應該已經可以在心裡看見兩種心靈樣貌：意識存在於腦袋裡，位於意識線以上，潛意識存在於身體裡，位於意識線下方，兩者之間可透過某種方式互相連絡。

意識是思緒的源頭

意識是思緒的源頭。意識讓我們在日常的世界中有感知能力，隨時隨地瞭解自我，認知和理解周遭環境，掌控心理機能，以便讓我們記起過去發生的事件，瞭解我們自己的情緒與其意義。說得更具體一點，意識讓我們能理性評價周遭的人事物，瞭解我們本身的優缺點，判斷論點或主張是否正確，並欣賞藝術之美。

意識的主要能力有理智、邏輯、形式、判斷、計算、良知與道德觀念。我們透過意識認識物質世界，而方式就是透過五種感官來觀察。意識是生理需要的衍生物，同時也是我們在有形的物質世界掙扎求生的導引。

意識最重要的功能就是推理，運用歸納、演繹、分析、綜合等各種方法進行。舉例來說，假設你想找出一種新型血清，你會先運用意識以歸納法進行推理。也就是說，你首先會透過感官的覺察，來蒐集事實與相關訊息，接著一一比對，記錄異同。

接著你選出性質、功能、應用方式相同者，開始建立通則或原則，推論出具有某些特性的特定物質會產生某方面的功能。這是求取知識的科學方法，也是現代各級學校教育的基礎。不過我們每個人都會利用這套方法解決個人、社交或者是事業、專業或經濟上的問題，只是途徑不盡相同。

許多問題都能利用意識解決，但有時答案遲遲想不出來，我們會一再費盡心思，終至心力交瘁而逐漸喪失自信，然後往往就承認失敗，無能為力了。這時就需要潛意識介入，幫助我們重建對自己的信念，克服難關，協助我們踏上實現夢想、邁向成功的道路。

潛意識是力量的來源

誠如意識是思緒的源頭，而潛意識則是力量的泉源。潛意識也是人類生活中最真實存在的部分之一。潛意識根源自直覺，能覺察人最原始的慾望，然而它卻經常被上推至意識存在的層次。潛意識就如同一個貯藏庫，會自動儲存對於人與自然的印象。它也是記憶的資料庫，專門存放可供未來使用的事實和經驗。因此，潛意識不僅是一個超大倉庫，儲存待用的資料，隨時準備供意識支配使用；它同時也是發電站，供我們充電，讓我們恢復精力與勇氣，重拾對自己的信心。

潛意識不受時間和空間的限制，基本上它就像一座強大的收發傳送站，與宇宙連接，能與身心靈交流，而且根據許多研究顯示，它還能跟靈界、過去、現在及未來溝通。這就是潛意識的力量。簡言之，潛意識包含過去的感受和智慧、現在的覺察和知識、未來的想法和願景。愛默生雖然是憑直覺寫作，但他還是大力推崇直覺的許多優點，當他寫到以下這段話時，顯然他心裡想的正是潛意識：「所有想法和行動都必須依從這份直覺，耐心等待它出現，方能得到真正的智慧。在日常生活中好好善用這份直覺，就能累積出真正的智慧。同時，我們也必須養成凡事遵從直覺引導的習慣；當你需要直覺引導，它便現身。」

潛意識可以發揮的力量有多種，主要有直覺、情感、確信、靈感、暗示、演繹、想像、規劃，當然還有記憶與充沛的活力。潛意識不必透過感官就能感知周圍世界，它是憑直覺感知環境。潛意識在客觀感知靜止時運作得最好，能發揮最大效用。然而潛意識不僅能在人沉睡時運作，清醒時也能發揮作用。潛意識相當獨特，擁有自主的力量、功能以及獨一無二的運作系統；它的存在一直是與個人身體、生活密切相關，但其運作卻又不完全受身體干涉。

目前已知潛意識具有三大功能。第一，由於它能直覺領會身體的需要，所以能在不靠意識協助的情況下，維持並維護身體健康和壽命。第二，如同前一章節所指出的，在人遭遇重大緊急狀況時，潛意識能不受意識指揮，瞬間發揮作用，取得最高控制權；它會以不可思議的確實、迅速、精準和認知，為拯救生命而採取行動。第三，潛意識運作於超自然界，會以心電感應、透視力（千里眼）、念力等現象展現其超自然力量。不過，在迫切需要協助的時候，潛意識也能被召喚來幫助意識，也就是用意識來請求潛意識，運用潛意識的力量及資源來解決重大問題或獲得渴望的事物。

本書特別關注探討的是潛意識第三大功能的最後一部分，以及能讓潛意識發揮作用、對各位有所裨益的技巧。因此，要汲取潛意識的資源和力量，召喚它開始行動，各位首先必須確認，你所想要的東西確實是你所應得，而且是有能力掌握的；因為潛意識會完全依個人能力高低來產生作用。其次，必須有耐心和堅定不移的信念，一如法國哲學家席奧多．朱佛里埃④所言：「潛意識不會費力為不相信的人效力。」接下來，將需求傳遞至潛意識時，必須在心中告訴自己：一切都已成就了。你不但要「覺得」與「認為」自己會成功，你還必須更進一步確實看到自己成功的畫面，例如，真的在心中看到自己在被指派的工作上表現突出，或是看到自己獲得嚮往已久的職務。下一步，同時也是最後一步，你必須耐心等候，等待潛意識吸收並徹底瞭解問題的細節與要素，之後才能以它自己的方式為你效力、實現願望。

在適當的時機，那些存在於潛意識的想法和計畫便會灌注到正在等待的意識之中，使得問題的答案適時顯現在你眼前，指示你正確的做法。這時你必須心無疑慮，立刻聽從潛意識指引。你絕不能遲疑，不能心存保留，不能考慮再三。你必須敞開心房接受潛意識傳來的訊息，並且在明白訊息後立刻行動。唯有如此，潛意識才能幫助你，而且持續回應你的召喚。

然而，有時候也許你的問題無法用上述方式解決，也就是說，你沒有從心靈藍圖上看到解決問題的答案，沒收到指示如何一步步實現最終的目標，反而有可能感受到某種神祕力量，不時敦促你做一些看似沒有特殊意義、也無邏輯關連的事。儘管如此，你還是必須繼續相信潛意識的力量和智慧，遵從它的指示完成那些看似不相干的事。總有一天，你會發現自己居然已來到你希望潛意識幫助你取得的職務，發現自己正在做著夢寐以求的工作。以後，當你驀然回首，你會發覺潛意識之前要求你完成的每一件事都有邏輯可循；而最後會發生的事就是你終於實現夢想，那是你最誠心盼望、極度渴望得到的獎賞，也就是專屬你個人的勝利與喜悅！

①古斯塔夫·傑雷（Gustav Geley, 1868–1924）是法國心理學家，著有《論潛意識》（L' Être Subconcient）及《從無意識到意識》（From the Unconcious to the Concious）。

②文中提到的書都是研究潛意識的先驅著作，包括葛拉博與法瑞爾（Erna Farrel Grabe & Paul C. Ferrell）合著的《潛意識會說話》（The Subconsious Speaks）、富特（Theodore Clinton Foote）的著作《力量的泉源》（The Source of Power）、普林斯（Morton H. Prince）所寫的《無意識》（The Unconcious），以及漢金（Hanbury Hankin）的著作《常識及其養成》（Common Sense and Its Cultivation）。

③路易·布洛菲爾（Louis Bromfield, 1896–1956）是知名美國作家，曾獲得普立茲獎。

④席奧多·朱佛里埃（Théodore Simon Jouffroy, 1796–1842）是法國哲學家。

第四章

暗示法

「相信自己做得到，你就一定做得到！」這句話聽過多少次呢？無論是什麼樣的任務，只要一開始就抱著「一定辦得到」的信念，最後都能圓滿達成。信念常能讓人完成旁人以為不可能的事。信念是導向成功的原動力和啟動力。「來吧，夥伴們，我們一定會擊敗他們！」不論在美式足球賽、戰場或商業競爭的世界裡，領導者總會用激勵的話這樣大喊。「勝利屬於我們」、「我們一定會成功」、「汲取失敗經驗，爭取勝利」，將充滿信念、激勵鬥志、提振士氣的話吶喊出來往往能扭轉頹勢，因為有人堅信自己一定辦得到。

有人在遭遇船難或失足落海時，掉入水中的那一刻，他可能很害怕，覺得自己完了，但也有可能突然覺得自己會得救或有辦法自救；在出現這種感覺的那一刻，他就產生了信念，力量於是伴隨而來。或者有人身陷火場，遭火焰和濃煙包圍，因恐懼而驚惶失措，這時也可能會有同樣一股力量驟然產生，說不定便因此得救了。

愛默生對這種現象的解釋是，在艱難或危急時刻，我們的直覺反應通常都是最有用的。許多故事也提到潛意識逆轉生命的強大力量，描述軟弱的人如何依從潛意識的指示，運用它超乎尋常的力量，成就遠超出他們平常能力所及的豐功偉業。偉大的演說家或作家也常驚歎於潛意識的力量，因為潛意識總是源源不絕供應他們靈感。

重複，就產生信念

如果研究過各種神祕宗教、各式教義和心靈相關學說，就會發現，重複法是所有宗教派別的基本運作法則，像是重複特定經文、口訣、密語或無法理解的咒語。

用重複來組成信仰的基礎

神祕學家威廉·席布魯克①表示，巫醫、巫毒祭司、妖術師以及其他古怪教派的信徒常藉由複誦召喚神靈或施展邪術。各位會發現，不論是詠唱讚美詩、咒文、連禱或日課（每個禮拜盡可能多次重複），還是佛教徒和回教徒的不斷祈福，或者通神論者及合一教派、絕對教派、真理教派、新思想派、神聖科學教派等信徒的誓詞，皆是以重複為基本原則。事實上，不論是正教或邪教，所有宗教信仰皆是如此。

若再深入細究，就會發現全世界所有未開化的部落民族，在敲擊手鼓或定音鼓時，也同樣循此原則：鼓聲的振動會引發部落成員的內心產生類似的振波，讓他們的情緒亢奮、激昂，最後達到不怕死的激烈狀態。美國印第安人跳戰舞時重複具節奏感的肢體動作、部落的祈雨儀式、回教僧侶的迴旋舞、甚至是比賽的關鍵時刻播放軍樂，以及許多工廠為振奮員工精神播放的音樂，都是基於同樣的道理。

美國探險家席奧．博納在他一九三九年出版的《眾神的閣樓》中②，提到不少關於神祕咒語與禱文的有趣事情。博納宣稱，他在撰寫那本書的時候，是有史以來第一位進入西藏拉薩的白人。拉薩位於喜馬拉雅山，有數千名喇嘛住在佛寺裡。我看了那本書，發現喇嘛除了飲食和解決一般生理需求以外，其他時間都在不斷轉動法輪、念誦神祕經文。博納表示，曾有某寺院的僧侶從黎明開始便不斷唸禱文，複誦的次數高達十萬八千次。另外他也提到，喇嘛陪他念誦某段特定經文，目的是為了賦予他更多的力量。

不論反覆念誦的內容神祕與否，顯然所有宗教派別、祭典儀式都有訂定反覆唸誦文字的慣例或固定程序，並且扮演重要角色。這就是我所要談的「暗示法」，所有依循這個法則運作的力量都能造成驚人效果。也就是說，無論是自我暗示（自己對自己暗示）或外源暗示（來自自我以外的暗示），「暗示」能夠讓一台無形的機器開始運轉，讓潛意識發揮力量。重複唸同一句經文、咒語或自我肯定的話，就能產生信念；信念一旦生根深化，內心深信不疑，信念的力量即開始顯現。

例如建商或承包商在看過橋樑或建物的平面圖與規格說明之後，由於渴望簽下合約，承攬工程，他會在心裡告訴自己：「我可以做到。沒錯，我一定辦得到。」他可能在心裡默念上千遍卻渾然不覺。儘管如此，如果暗示能在他心裡生根，他就能拿到合約，最後完成工程。相反地，他也可能在心裡對自己說他做不到，這樣的話他就絕對做不到。

重複的恐怖力量：二戰時期的希特勒

當年希特勒也是利用同樣的手法和力量，煽動德國人民攻擊全世界。《我的奮鬥》一書即是最好的證明。法國著名心理學家賀內．佛維③對此的解釋是，希特勒十分瞭解暗示法，熟知利用各種方式，而且他的手段高超，表演技巧精湛，知道如何在大規模的造勢活動中操作各種宣傳方法。希特勒自己就曾公開表示，暗示心理學如果被懂得利用的人學會操作，那麼將會變成可怕的武器。

現在讓我們來看看，希特勒是如何利用暗示法操控德國人的想法，而且當德國人開始產生信念之後，是如何展開恐怖的活動。

當時德國各地到處可見標語、海報、巨幅黨徽和旗海。希特勒的肖像隨處可見。人人傳頌「唯一帝國，唯一民族，唯一領袖」，只要有人群聚在一起就一定聽得到這句話。每天都有成千上萬的德國青年高唱「今日我們擁有德國，明日我們統治世界」這首德國青年進行曲。諸如「德國已忍耐太久」、「站起來！第三帝國的精英們」、「全日耳曼人上下一心，一致擁戴希特勒」等無數條標語攻佔所有建築物外牆、廣告看板、廣播電台與媒體，夜以繼日每天對德國人洗腦。德國人每當在走動、回頭、交談時，都會想到自己是「最優秀的人種」；德國人不斷受到催眠暗示，信念的影響力日與俱增，最後終於展開行動，想要證實這個信念。不過德國並未因此走運，因為其他國家的人民也擁有強烈堅定的民族信念，終而化為力量，成功打敗德國。

義大利的墨索里尼

墨索里尼依樣利用暗示法，企圖讓義大利在世上佔有一席之地。無數建築物的外牆上覆滿「信念、服從、戰鬥」、「義大利必須成為世界強國」、「新仇舊恨一次算清」等標語，類似的意念也藉由口語傳遞，透過廣播和其他通訊管道直接滲入義大利人心中。

史達林的恐怖統治

史達林也操作同樣的技巧，塑造出蘇聯的樣貌。由於史達林頻頻運用重複暗示的強大力量，讓人民相信自己實力堅強，現代催眠學會④因而在一九四六年十一月將他列入「全球十大催眠強人」，稱他為「群眾催眠師」。

日本軍閥

日本軍閥亦利用暗示法將人民變成狂熱的戰士。日本人從一出生起便不斷被暗示，「日本人是天神後裔」，生來就是注定要統治全世界。他們祈求，反覆默念，而且堅信不移。可惜他們同樣錯用暗示的力量了。

日俄戰爭爆發後的四十四年裡，日本人將海軍兵曹長杉野孫七神格化，視他為日本自殺戰士先驅，同時也是永垂不朽的偉大英雄。日本人在全國豎立上千座雕像紀念他，不斷透過紀念歌曲及故事教育年輕人，使他們相信，要以杉野為榜樣，在戰場上自盡才是壯烈犧牲的英雄。數百萬年輕人真的相信了，並且當真在戰場上自殺犧牲。然而，其實杉野駕船去封鎖駐守旅順港的俄國軍艦時並沒有死，一艘中國船救了他。在他得知自己被同胞奉為偉大自殺戰士並大肆頌揚之後，他決定隱姓埋名，一輩子流亡滿州。

一九四六年十一月，美聯社從東京發出一篇新聞稿，報導杉野如何在躲藏多年後被人發現、並且即將遣返日本。雖然杉野依然健在，但日本老一輩的人還是持續對年輕人諄諄教誨，認為唯有像杉野那樣自殺戰死才是最偉大的英雄行為。這個可怕又根深蒂固的信念雖然源自於完全虛構的故事，但卻讓無數日本人在戰場上甘願犧牲性命。

美國的戰爭動員

美國人在一次大戰前與大戰期間，也同樣受暗示力量的擺佈。休・強森將軍和他成立的「國家復興總署」也是有計畫性地為美國人洗腦⑤。二戰期間，美國政府強力暗示並且激勵全國人民要奮力報效國家、購買債券等等，同時還不斷告訴百姓「德國和日本必須無條件投降」。同樣的想法一直被重複播送，徹底癱瘓每位國民獨立思考的能力，每個人的腦子只留下「不計代價打勝仗」的唯一念頭。誠如某位作家寫道，「在戰爭期間，提出異議即視為叛國」。這裡我們再次見識重複灌輸想法的可怕力量。不斷重複出現的想法主宰了我們，我們完全聽命行事。

重複，就出現暗示

重複暗示的神奇力量能壓倒理智，直接影響情緒與感受，最終突破並滲入潛意識的最深處。所有成功的廣告基本上都是運用暗示原則，也就是持續、重複暗示，先讓你相信廣告所說的，接下來你便迫不及待想去買了。有一陣子社會上突然出現維他命狂潮，這個要好得吃維他命，那個要好也得吃維他命，各種補充維他命的廣告從四面八方傳來，於是數百萬人搶購維他命膠囊，可見重複暗示法的威力。

幾個世紀以來，人們一直相信番茄有毒，沒人敢食用，直到某個不怕死的人勇敢試吃了安然無恙後，大家才破除成見。現在很多吃番茄的人都不知道，其實不到一百年前，大家還普遍認為番茄不能食用。相反地，價格便宜的菠菜就可能要被遺棄了。數百年來，人類都認為菠菜營養價值高，但美國政府宣稱實情並非如此。不難想像一定會有許多人相信這個說法，不再支持大力水手「卜派」最喜愛的食物。

宗教與暗示法

很明顯的，所有重要宗教運動的發起人都深諳重複暗示的力量，而且也運用這樣的力量獲得驚人的效果。

各位要知道，唯有那些我們意識到的事情才能傷害或困擾我們。理解了這點之後，我們就更能明白，「我們所不知道的事情不會傷害我們」、「無知便是福」這些老生常談實在是很有道理。我們都聽過「有人不知不可行，勇往前進而成功」的故事。心理學家告訴我們，嬰兒只害怕兩件事：高分貝噪音和跌倒。我們的恐懼全由知識或經驗衍生而來，來自我們聽聞、看見、學會的事物。我總認為人應該是一棵堅韌的橡樹，雖然會被許多逆流思潮吹打狂襲，卻仍屹立不搖。然而有太多人就像小樹苗一樣，隨便一陣微風就東倒西歪，最後只能順著強烈思潮吹來的方向成長，任其擺佈。

《聖經》裡也有非常多故事是關於信念與暗示的力量。在〈創世記〉第三十章三十六至四十三節，可以讀到就連以色列人的祖先雅各都知曉信念與暗示的力量。這一段聖經描述了雅各如何繁衍出帶斑點的乳牛、綿羊和山羊：他僅只是撥開樹枝的樹皮，露出底下的斑點和痕跡，再將樹枝插進牲畜的飲水槽。如各位所知，牲畜就在帶有斑點的樹枝前交配，生下「有紋的、有點的、有斑的」乳牛來。雅各於是就變成大富人了。

摩西也是善用暗示法的大師。他在以色列人身上應用暗示法四十多年，最後帶領他們來到「流著奶與蜜」的應許之地。大衛則順從神施予在他身上的暗示力量，只用彈弓跟石頭便殺了強壯、全副武裝的巨人歌利亞。

纖弱的「奧爾良農家少女」聖女貞德，聽見了神祕的聲音，受到神祕聲音暗示力量的影響，深信自己肩負拯救法國的使命。她將自己不屈不撓的決心傳達到她周遭的士兵心中，最後在奧爾良打敗擁有優勢兵力的英軍。

美國現代心理學之父威廉・詹姆士⑥認為，在進行艱難的任務之前，必須先有信念才能確保圓滿成功。根據詹姆士的說法，信念能激發人產生超越自己的力量，創造能證明信念的事實。換言之，事實是信念的產物。若想更進一步瞭解信念與其力量，我建議各位讀一讀《聖經》新約的〈雅各書〉。

運動場上的暗示

現在讓我們來看看運動場上的例證。看過棒球賽或美式足球賽的人，一定都親眼見識過暗示的力量如何發揮作用。聖母大學已故的知名美式足球隊教練紐特・羅克尼，即深知暗示的重要性，也常常使用暗示法，但他一定會依每個球隊的特質調整、運用暗示法。

某個週六下午，聖母大學遭遇一場極為難纏的比賽。上半場結束，他們的比數嚴重落後。球員在休息室裡緊張等待羅克尼出現，氣氛低迷。最後門終於開了，羅克尼慢慢探頭進來，眼神詫異地掃視全隊說，「噢！對不起，我走錯了。我以為這裡是聖母大學球隊休息室。」然後便關上門走了。聖母大學隊員先是困惑，隨即因為受到刺激而怒火沸騰，於是走出去力拼下半場，最後贏了比賽。

有人分析解釋過羅克尼使用的心理學手段，同時還提到密西根大學的費爾汀・尤斯特、范德堡大學的丹・麥古金、普林斯頓大學的賀柏特・克里斯勒等多位著名教練也都是運用暗示法來激勵球員士氣。

一九三四年玫瑰盃賽事前夕，許多見解高明的比賽觀察家都認為哥倫比亞大學沒有勝算，但他們忽略了該隊的教練盧・里托⑦和他天天對球員發表的精神講話。比賽一開始，明眼人一看就知道哥倫比亞大學贏定了。待比賽結束的哨音響起，哥大不僅沒輸，而且還打敗強隊史丹福大學。

一九三五年，貢薩迦大學以十三比六擊潰華盛頓州立大學，令西部球迷如喪考妣。貢薩迦大學是連聯盟都沒有加入的弱隊，而華盛頓州立大學戰績輝煌，所向披靡，公認無人能敵。後來報紙登了一篇貢薩迦大學助理教練山姆・戴格利的專訪。戴格利表示貢薩迦大學是以高昂的鬥志，打出一場好球。他還透露，決賽前，教練用留聲機一遍又一遍不斷播放羅克尼最令人振奮的精神講話給隊員聽，時間長達半小時。

多年前，底特律老虎隊的米基・寇桂恩⑧也同樣運用暗示的方法，將一群缺乏上進心的選手帶上大聯盟冠軍寶座。以下是引自當時報導中的一段話：「日復一日，他（寇桂恩）慷慨激昂地對老虎隊員強力傳送勝利的信條，讓球員『一直記得』，想打贏就必須精益求精。」

景氣會受到暗示嗎？

股市的波動也可以明顯看出，有同樣一股力量在發揮強大作用。通常壞消息一出，股價立刻應聲下跌，好消息一來，股價旋即上漲。其實股票本身的價值並未改變，但只要操盤者一改變念頭，股東的心態立刻受影響。而促使股東決定買賣股票的理由並非「實際」會發生的事，而是他們「相信」會發生的事。

二十世紀初的經濟大蕭條期間，我們也一再目睹暗示的力量持續在推波助瀾。每天我們都聽見「時局不佳」、「生意難做」、「銀行瀕臨破產」、「經濟復甦遙遙無期」等話語，到處都是公司倒閉、沒有生意等傳聞，最後全國上上下下都不斷反覆談論這些事，許許多多人於是打從心裡相信好日子永遠不會再有了。恐懼的念頭振波一直不斷傳來、不停敲擊，最後終於擊垮了成千上萬原本意志堅定的人。恐懼的暗示一旦散佈開來，現金立刻被提領一空，倒閉、失業接踵而至。當銀行倒閉、企業破產的新聞不斷傳出，民眾聽多了也會毫不猶豫信以為真，並隨之起舞。

艱困的時局實際上是所有人的恐懼思維所創造出來的。如果大家都能明白這一點，未來就不會再出現經濟大蕭條了。民眾一直認為日子難過，那麼日子真的就會變得難過。戰爭也是同樣的道理。假如世人不再一直想著戰爭、經濟蕭條這些事，戰爭與蕭條就不會存在；除非我們先用情緒化的想法創造出負面思想，否則不會有任何負面力量侵入我們的經濟系統。

擔任西北大學校長多年的著名心理學家華特・迪爾・史考特博士⑨一語道破箇中道理：「事業成敗主要取決於心態，而非心智能力。」

對群眾的暗示

全世界的人都一樣，全都會感受到相同的情緒、影響力與振波。企業、村落、城市，以至於國家，不過就是一群人用思維與信念所控制和管理的地方罷了。一個人想什麼、相信什麼，他就會變成什麼樣子；一個城市的居民想什麼，城市就會變成什麼樣貌；一個國家的國民想什麼，那個國家就會變成什麼樣子，這是必然的結果。每個人都是由自己的心思行塑出來的，是自己所想與所信的樣子。誠如所羅門王所言：「因為他心怎樣思量，他為人就是怎樣。」

請各位回想一下一九三八年十月二十那個令人驚恐的夜晚。奧森・威爾斯⑩和他的水星劇團將科幻作家赫柏．喬治．威爾斯的小說《世界大戰》改編成廣播劇，當晚首度在電台播出。《世界大戰》描述火星戰士入侵地球的故事，結果播出後卻造成數百萬聽眾人心惶惶，甚至有人奪門而出，警局遭民眾包圍，美東電信系統癱瘓，紐澤西聯外道路被擠得水洩不通。其實，在廣播節目結束後的幾個鐘頭內，當真有很多聽眾因為相信地球遭火星人入侵而陷入恐慌。由此可知，信念確實會引發奇怪、異常的事件。

各級學校在重要運動比賽前舉行的集會也是基於這個法則。演講、歌唱與呼口號都是製造暗示、激發得勝意志的方法。許多業務部門主管在早晨業務會議時也會運用暗示法。他們常會播放交響曲來激起業務人員的情緒，向業務員傳遞「你一定能創造業績、打破記錄」的念頭。

軍隊也會運用這個基本法則，只是技巧不同。事實上，所有軍隊都是這樣做，沒有例外。軍人在接受軍事訓練時，指揮者會不斷重複下達命令，要求排出各種隊形，訓練軍人在瞬間服從命令執行動作，最後操練成幾近本能反應，將命令與隊形深植於軍人的心靈與身體，使他們幾乎自動做出動作。這是要建立軍人的自信，而自信在實際作戰時是絕不可或缺的。

具體圖像帶來有效的暗示

請各位務必記得，潛意識一接收到來自意識（或由外部透過意識傳送）的指令或暗示之後，會立即採取行動；不過，若把渴望達成的目標的心靈藍圖，伴隨意識的訊息一併傳送，潛意識的反應會更快。雖然這個心靈藍圖可能還很模糊不清，或粗略不完整，只有輪廓而已，但沒關係，這樣已足以促使潛意識迅速反應，展開行動。

由此我們就想到教會與祕教的典禮與儀式。這些典禮和儀式的設計主要都是為了感染參加者的情緒，讓他們心中出現神祕畫面。不論場地形式為何，這些儀式的目的就是要引起參加者的注意，使參加者從各種符碼中所隱含的訊息產生特定的聯想，進而使這些聯想深植於參加者心中。而且儀式中各式燈光安排、擺設、主導儀式者的特別裝扮，再加上輕柔的音樂（多半具有宗教意味），都是要營造出一種神祕（也有人覺得詭異）的氛圍，一切只為讓參加者進入適當的情緒狀態，才會更容易有感受。

這個概念自古以來就有。不論是最文明最開化的民族，還是最原始的部落民族，都有特有的祭典儀式。降靈會的靈媒與水晶球算命師也都運用類似的手法，來影響參加者的情緒，就連吉普賽的骨相師也將儀式視為手法的一部分。這種氛圍往往能讓意識昏沉，甚至暫時沉睡；若少了這種氣氛，參加者大概很難被說動而接受暗示。因為，雖然我們渴望會有神祕的事情與奇蹟發生，但是單憑渴望本身並無法說服我們全心全意產生信念。

我無意冒瀆任何宗教信仰，只是單純想說明人類歷來都是如何受到吸引而想去跟隨，還有一般人的情緒被喚醒與激發之後，理性的心智就會比較容易接受訊息。無論目的為何，戲劇張力都是喚起群眾情緒、吸引注意的第一步。

已故的女性佈道家麥艾美，就非常嫻熟戲劇化的力量。她總是一身飄逸白袍、紅髮造型，十分迷人，從而創造出拯救靈魂、治療他人的偉大事蹟。這個現象的確值得深究。因為就表演技巧或單純打動人心的能力看來，後來當紅的佈道家比利．桑岱（他的拿手絕活是跳上桌講道）跟麥艾美比起來簡直小巫見大巫。麥艾美利用許多特殊手法和舞台設計營造莊嚴肅穆的氣氛，而她的信徒表示，她的佈道影響深遠，令人感動。我並非在貶抑眾人對麥女士的回憶，她的信徒虔誠地相信她的佈道、信服她的教誨，這才是最重要的。

相信，就出現效果

然而，有些天生擁有強烈個人魅力的人，還有那些能言善道的演說家，毋需藉助道具或舞台佈置便能引導他人的情緒，因為他們擅長運用語調、手勢、情緒渲染、肢體動作和眼神抓住聽眾的注意力，讓人對於他們的強烈訴求信服得五體投地。

接下來讓我們看看一般人所相信的符咒、避邪物、護身符、幸運符、四葉幸運草、舊馬蹄鐵、兔腳，以及其他無數這類小玩意的作用。這些東西本身都是沒有生命、對人無害也不具任何力量的物體。然而，若有人透過意志，用想法將生命賦予在這些小東西上面，這些原本並沒有什麼力量的物體就有了影響力。這股影響力源自信念，唯有信念才能讓這些東西發揮效用。

亞歷山大大帝和拿破崙的故事即是最佳例證。亞歷山大稱帝時，曾有神諭指出：「誰能解開哥帝亞繩結的人，即能統治全亞洲。」各位也許還記得，亞歷山大一刀斬斷繩結，最後取得至高地位與權力。拿破崙小的時候有人給他一枚星藍石，並向他預言，這顆寶石不僅能帶給他好運，還能使他成為法蘭西皇帝。除了懷有過人信念、篤信預言之外，還有什麼力量能使這兩位偉人名垂青史？正因為他們兩人心懷非比尋常的堅定信念，才能締造超凡的成就。

用心思預先相信效果

除非你相信，否則缺角或破掉的鏡子是不會帶來霉運的；唯有當負面的念頭在你心裡生根茁壯、成為你內在自我的一部分，才會有厄運降臨。信不信由你，你在潛意識裡相信什麼，潛意識就會讓你相信的事成真。

以前美國曾有位總統候選人，他才識過人又頗受推崇，某天在自家倉庫門口照相留影，門上釘著一只象徵好運的老舊馬蹄鐵。當時有傳言指出馬蹄鐵掛反了，結果最後他敗選了。我之所以舉這個例子，主要是想告訴大家，不只頭腦簡單或迷信的人相信符咒、護身符與符號的力量，最聰慧明智的人也常受影響。

據說有些人能直接對穀物、蔬菜、花和樹木等植栽作物發功，促使植物茂盛茁壯。幾年前，一位瑞士老園丁建議我們挖掉院子裡的老樹，改種一些小樹和灌木。起初我看不出有什麼理由要換植物，但老人家執意要換，所以也就由他去吧。種新樹的時候，我發現他一面把樹苗埋進土裡，一面喃喃自語，彷彿在念咒，種植灌木時也如法炮製。有一天，我終於按捺不住好奇心，問他在院子裡種樹時到底在咕噥些什麼？他若有所思地看了我好一會兒，然後說：「也許你不理解，但我是在跟植物說話，要它們好好生長，茂盛茁壯。這是我小時候在瑞士跟老師學的。所有成長中的生物都需要鼓勵，我是在鼓勵它們。」

瑞士到北美洲的距離不算短，不過在加拿大某個省份，原住民在出發捕捉大比目魚、鮭魚前，也會對釣線、魚鉤等工具說話。他們說，如果不這麼做，魚不會上鉤。南海諸島也有不少傳說提到，島民會拿食物供奉他們謀生的工具器械，對它們說話，將它們當成有生命的物體看待，祈求豐收。即使到了現代，所有文明國家都會在船艦下水或漁船啟航時舉行祈福儀式，祈求航程順利或探險成功，這跟原住民的習俗有異曲同工之妙。

常有人表示觀察到人和植物之間具有某種吸引力，彷彿植物也有感覺似的。全世界有許多專業園藝家會觀察月相變化，只在特殊時日播種。你也許斥之為迷信，但這種做法卻很實用。先前提過的耶魯大學研究人員也曾推論，電場對植物生長有重大影響。這說法絕對具有科學根據。

想到有人依月亮變化播種、栽種植物，又讓我想起一位鄰居。他生性節儉，頭腦正常，但卻總是依月亮盈虧理髮。我忘了他習慣在滿月還是新月時上理髮廳，不過，不論他選擇哪一天、不管月相為何，他這個習慣使他能在頭髮剛好長長的時候剪髮，毋需另外找時間去理髮。有次我問他怎麼會想到這個點子，但他只是瞪著我，彷彿我是在嘲笑他似的。

我在前面提到關於動物與植物的論述，可能會引起大批唯物論者強烈抨擊，但別忘了，這個世界上還有許多我們不知道、或知之甚少的力量在背後運作。想想看，人類在二戰期間發展出多少新理論？二次大戰之後不久，美國火箭學會⑪就向美國政府提出申請，計畫登陸月球。也許這項申請帶有開玩笑的意味，不過，誰知道哪天不會冒出像科幻小說中的人物「巴克・羅傑斯」⑫那樣，駕駛火箭降落月球呢？至少我不會說不可能，因為那些說不可能的人和我一樣，我們誰也不知道這事會不會成真。（編按：本書作者過世後，美國終於一九六九年率先登陸月球。）

用眼睛預先看見效果

人類的想像力（或觀想力）與專注力無疑是開發潛意識磁場的要素。各位常聽人說「你要記住這畫面」，意思就是記住這個心靈藍圖或憧憬。這其實是暗示（或者重複暗示）產生效果的時候了。比方說，你想買新房子，先有了這個意念後就會啟動想像力。剛開始，你對心目中理想的房子還沒什麼具體概念。然後你開始跟家人討論，或者向建商請教、瀏覽建案設計圖，這時心中的意象就會越來越清晰，於是你終於「看見」新房子的模樣，連細節也看得一清二楚。之後，潛意識接手運作，設法讓你得到你想要的房子。這房子可能以任何方式出現：也許是你親手蓋的，也許是你花錢買的，或者透過別人得來的。但房子出現的方式其實並不重要。

找工作或規劃旅遊行程的過程也頗為相似。你必須先在心裡面看見自己正在做那份工作、或正在旅途中的模樣。當然，我們的恐懼也可能透過想像而成真，就像《聖經》裡面的約伯一樣。幸好，假如恐懼的意象只是暫時閃過，或者這些意象停留的時間不長，沒有清楚投射在潛意識屏幕上，那麼恐懼大多不會成真。

《聖經》告誡我們：「沒有異象，民就滅亡[13]。」無論從個人或群眾的角度來看，這句話都是最重要、最根本的真理。若是沒有實現成就的心靈圖像，我們很少能真正成功。想換一份更好的工作嗎？只要把你得到好工作的心靈圖像傳遞到潛意識，這份渴望一定會達成的。

走筆至此，我想起這些年來有許多人曾向我說起他們運用這個方法的親身經歷。我想挑幾則故事與各位分享，你們也許會在故事中找到更有效運用這套原理的方式和技巧。

想要一把電鑽

有位朋友突發奇想，想造一艘船。他對造船可說是一竅不通，但他相信，只要依照一些簡單指示，應該有辦法造出一艘船來。做著做著，他發現要用到電鑽，但他不想花一大筆錢購買他需要的那一款，因為他可能只用幾個月而已。於是他先找人借，不過借來之後只能在晚上用，隔天一早就得還回去，這樣非常不方便。

他告訴我：「有天晚上，我沒來由冒出一個念頭：我一定會在某個地方得到一把電鑽。我越想越覺得可能。頭幾天啥事也沒發生，後來有天晚上，一位開修車廠的朋友來找我，我跟他已經好多年沒見面了。他對造船也有興趣。當他聽我說起造船的事，便想看一眼。他見我費勁兒使用那把笨重的電鑽，就問我那玩意兒是哪兒來的，我說我向人借的。他一聽哈哈大笑：『明天來我店裡，我借你一把小一點的。小一點的比較好用。』不用說，我不僅得到一把電鑽，而且在造船期間也完全歸我使用。」

「我在做船肋的時候也有過類似經驗。我有一把小線鋸，但我發現它根本鋸不動四分之三吋厚度的木材。我又開始渴望得到一把新鋸子，而這個念頭引領我來到幾條街外的地方，那邊有一座木工廠。我可以用他們的帶鋸，不過一個小時必須付老闆五十分錢，而且這樣租用的話，我就得不斷在我家和工廠之間跑來跑去，先是找到適合船肋的鋸子、然後再回去鋸出來，一來一往太浪費時間了。那幾天我常常對自己說，一定有更簡單的法子能弄到一把新鋸子。結果當真被我弄到了。」

「過程是這樣的：那個禮拜天，另一位朋友來看我進展如何。我告訴他我的進度變慢了，因為沒有帶鋸可用。他的反應也是大笑。他說：『這禮拜四我剛好買了一把，而且暫時還不會用到，因為我要整修我的店，所以這段時間歡迎你拿去用。』事實上，他當天就把鋸子送來給我，而我用了好幾個月。最後終於把船造好了！」

渴求一把梯子

另一個人告訴我他如何取得三十呎的伸縮梯，把房子粉刷好。「我想說我可以利用閒暇時間粉刷房子，」他告訴我：「於是開始留意哪裡有梯子可用。我找到一家出租梯子的店，但使用的時間有限制，沒辦法配合得上。我不知道我對自己說過多少次『我會找到梯子的』。結果我真的找到了。有天國定假日，我人在後院，碰巧注意到鄰居正站在長梯上洗房屋外牆。我問他梯子是哪兒借的，他說他買房子的時候也順道買了梯子。結果那天下午我就把梯子扛回我家後院，一借就借了好幾個禮拜！」

自動送上門到手的垃圾桶

還有一個人告訴我，他想要某個尺寸的垃圾桶；但當時適逢美國加入二次世界大戰，所有物資皆以戰備優先，所以他始終找不到。他說他找遍二手商店、舊貨店、糕餅店和修車廠，一心想找到他要的那種桶子，但苦無結果。

他正要放棄時，有天早上他看到他家對面的大樓正在進行整修，而裝盛防水塗料的鐵桶正好就是他很想要的那種桶子。他問工頭，工程結束後他們都怎麼處理桶子？工頭說，他們會把桶子留在原地等人收走。於是他把他的需求告訴工頭。幾天後，桶子就到手了——工人不但清空裡頭的東西，還把桶子刷得乾乾淨淨才送去給他！

相信自己能好起來

有一次，我把車開去一家修車廠檢修啟動系統，先前已經有好幾個修車廠試了幾次依然找不出問題所在。那家車廠的老闆聽我描述車子的異常狀況之後說，「我相信我可以修好。」我不經意接了一句，「信念很重要，是吧？」

「是啊。信念是世上最偉大的力量，可是每次我這麼說，那些呆頭鵝總是嘲笑我。」他的回答倒是挺尖酸刻薄的。

「我可沒在嘲笑你。我對你剛才說的很有興趣，」我回答：「能不能多說一點信念的力量的例子吧。」

「如果要我聊信念的力量，光說我自己這輩子遇到的事，我可以說上一整天喔！」

「那就說幾件來聽聽吧。你從什麼時候開始意識到這股力量？」

「十二年前我跌倒傷到背，好長一段時間都打著石膏。醫生說就算我的傷好了，我還是有可能一輩子跛腳。我躺在病床上，憂心忡忡想著未來，腦子裡常想起以前我媽說的一句話，意思大概是『相信就對了』。有一天，我突然冒出一個念頭，要是我心裡一直想著『我會好起來』這個畫面，全心全意相信我會好起來，那我說不定真的會完全康復。中間的過程我就不說了。現在你自己看，我在車底下鑽過來爬過去，你覺得我哪裡像瘸子？」

「太有趣了！再多說幾個例子吧。」我催促他。

「嗯，我也常用信念來吸引更多生意上門。說實話，現在這間店也是這樣來的。我原本那家修車廠失火燒掉了，當時因為戰爭的關係，在市區很難找到一個類似的地方繼續經營，我實在很擔心可能找不到另一間店面，竟然開始認真考慮要不要繼續開修車廠，或是乾脆去給別人請算了。有一天晚上，我下定決心繼續開店——這是個轉捩點。那晚睡覺前我對自己說：『嗯，幾天內你就會找到新的地方。信念的力量還沒讓你失望過呀。』我帶著滿滿的信心入睡，滿心相信新地方一定會出現。隔天我去拜訪一位烤漆師傅，之前我從火場救出來的車子就是請他幫忙整理的。我提起我在找店面的事。他說：『真巧，你可以來租我這邊，因為我才從一位退休的老兄手裡買下隔壁街的房子。』於是我就在這個大馬路口重起爐灶，生意多到完全忙不過來！」

是巧合，還是早就看見了？

我知道有些讀者可能會說這只是巧合，但我的檔案夾裡滿滿都是這類的「巧合」。對某些人來說，或許是巧合，但熟知信念的人都知道，這些案例無疑是增強意念或描繪心靈藍圖所造就的成果。這又帶我們回到這個見仁見智的問題：信念到底是胡說八道，還是相信就會心想事成？兩種說法各有支持者，各有論斷。

於是我想起帕拉賽爾醫師說過的話：「缺少心靈感知力量的人，無法察覺肉眼看不到的事物。」

我們很清楚，也完全同意，潛意識會依照投射在潛意識屏幕上的圖像來行事。但是，假如你的投影系統或母片有問題，那麼投射的影像可能模糊不清、顛倒相反或甚至一片空白。懷疑、恐懼、負面思考全都會讓意識投射的影像變得模糊。

偉大的藝術家、作家、發明家等等想像力高度發展的人，都擁有隨時觀想或描繪心靈圖像的能力。然而，透過前面幾章的解釋，再加上我稍後詳述的技巧，任何人應該都能輕易心在裡面看見他自己渴望成真的事物或情景。

我認識一位很厲害的釣魚高手，他也用過這套觀想法則。他可以輕鬆坐在船上，將鱒魚一條一條拖出水面，而其他同船的夥伴使用相同的魚餌或飛蠅，釣魚的方式也相同，並且一再將飛蠅或魚鉤抛進相同的地點，卻一無所獲。有一回我向他問起這件事，他笑著回答：「我對魚施了魔法。我在心裡看見魚兒就在水底某處，我告訴牠們來吃餌，來咬蠅。換句話說，我看見牠們上鉤的景象，並且相信牠們會上鉤。我想我只能解釋這麼多了。」

另一位未受幸運之神眷顧的釣魚人士聽了這則故事，嗤之以鼻說：「胡說八道！」他說：「每個高明的釣客都必須熟悉水流、魚洞，瞭解魚的習性，熟知哪種魚該用哪種餌蠅；如果河裡正好有魚的話，魚就會上鉤了。」但他仍無法解釋，其他釣客同樣身懷絕技，在同一個地方捕魚，為何成績就不如那位「施了魔法」的釣客呢？我本身並不釣魚，但是，假如這套吸引力法則用在其他事物上有效，那麼沒有理由不能用來釣魚呀！

班．烏爾．蘭普曼曾任《奧勒岡人報》副主編，同時也是知名自然學家⑭，寫過許多與釣魚相關的文章或書籍，他的短篇小說兩度榮獲「歐亨利紀念獎」。他聽了「施魔法的釣客」故事之後說：「你的釣客朋友認為自己在釣魚時有某種魔法或吸引力相助，其他在同一地點釣魚的人卻收穫平平。就我看，會把這個『魔法』說法視為無稽之談的人，其實才是真正無知。我無法解釋你的朋友為何這麼幸運，我只能說，他豐碩的漁獲成果絕對跟某種心靈或超自然力量有關。只要仔細研究過魚兒習性，或者曾經釣魚的人都會發現，絕對不是只把誘餌扔進水裡就可以大豐收。人的心靈和魚之間究竟有何關聯，到底有沒有關聯，我是無法解釋，但我幾乎一輩子與魚為伍，研究牠們的行為習性，所以我很清楚，能釣到很多魚這事背後絕對有無法解釋的力量在運作，也就是有某種要素或因子在作用，隨你怎麼說都行。我認為這是一種超自然力量，而我們絕對可以在超自然現象的領域裡找到相對應的解釋，足以說明所謂的幸運或為你朋友帶來豐收的神奇魔力。」

競技場上最早知道成績的人

現在再讓我們看看高爾夫球場的例證。我以前很著迷這項運動，也是好幾家俱樂部的會員，經常和一位曾是世界網球冠軍的男士打球。他可以說是整個西岸最擅長短桿的玩家之一，光用五號桿或七號桿，就能讓小白球急停在果嶺上的任一位置，隨心所欲控制小白球與旗杆的距離，並且通常只要再推一桿就能進洞。而他的推桿也同樣神乎其技，簡直是藝術。

「你怎麼辦到的，喬治？」有一天，他又再度展現驚人球技，於是我問道。「這個嘛，」他回答：「你打過手球和壁球吧？那你一定知道『把球打到正前方』是什麼意思。你直覺想把球打高或打低，好讓球往兩側牆壁彈，製造殺球機會或壓制球的落點。早年我在打網球的時候就學會如何把球打到對手難以回擊的點上。在球拍或手擊中球身之前，你心裡一定會有一幅希望球落在哪裡、或往哪個方向飛的景象。我在打短桿或推桿的時候，用的也是這個方法。」

「換句話說，當我面向果嶺、準備揮桿之前，我心裡會閃過『球要落在那個理想位置』的畫面；而在推桿的時候，我甚至能『看見』球掉進洞裡的畫面。當然，擊球姿勢、握桿方法等等都很重要，但姿勢漂亮、握桿正確的高爾夫球員很多，打得好的卻沒有幾個。我的確花了很多時間練習，其他人也一樣，但主要的差別還是在於我在球桿擊中球之前，就已經知道球的落點了。我能做到的原因在於我有信心，或者說有信念，我相信我能用五號或七號桿掃出迴旋球，讓球在落地後急停。我辦得到。」

如果你看完這則故事，還是不太相信，那我們再來看一下一九三〇年代中期天才業餘高爾夫球選手約翰．蒙塔古的故事，這個故事曾刊登在當時的報紙上。不管跟誰比賽，蒙塔古的小白球總是落在他想要的落點，無論是直飛三百碼，或者離球洞兩三呎處打球，最後他輕輕一推，小白球進洞的聲音跟末日審判的雷響一樣震撼。蒙塔古想讓球去哪兒，球就往哪兒去。

蒙塔古本人的解釋是：「對我而言，高爾夫是一種腦力遊戲，或者說心靈遊戲。當然，高爾夫還包括姿勢、握桿、揮桿等種種基本原理，不過在擊球之前，我必須在心裡清楚看見我等下要做什麼、即將怎麼做的景象。我的肌肉反應是聽命於我心裡看到的景象。如果沒有出現什麼畫面，即使後來打中也只能算是矇到了。這也就表示，當你處在壓力之下，你會一直保持專心，專注在某個念頭上；但話說回來，如果沒有壓力，比賽也就不可能緊張刺激了。」

名列史上最偉大高爾夫球選手的吉恩・薩拉森⑮也常在比賽中使用類似的方法。各位若讀過他寫的《高爾夫竅門》小手冊，一定會發現他經常提到心靈藍圖、目標、專注和信心等技巧。

所有高爾夫球員一定都聽過「心理障礙」一詞。其實這些障礙就是沙坑、水坑、障礙物等等；然而許多選手都會覺得，這些障礙是不可能突破的，而心生畏懼。我固定打球的高爾夫球場有個水坑，從開球區到水坑約莫一百二十碼，但中途必須越過一個五十呎寬的小水塘。任何稍有程度的人都能用五號或七號鐵桿輕易把球打過這道障礙。有一位在這個俱樂部打球的球友，年輕時曾是相當優秀的棒球與美式足球選手，但他卻有好長一段時間無法順利把球打過小水塘。不論他怎麼揮桿，小白球總是一次又一次掉進水裡；他不斷咒罵，而我們則在一旁偷笑。

我對他說：「你被那個水塘嚇到了。下次你先想像開球區和果嶺之間沒有水塘，想像眼前的球道又短又好解決，這樣就能輕鬆把球打過去。」他聽了我的建議後，第一次就把球打到離旗杆只有幾吋之處。後來他告訴我，從那天起，只要他用「想像沒有水塘」這招，一定能順利把球打過水塘；但是，如果他因為同伴的嘲笑而無法專注在「沒有水塘」的心靈藍圖上，球就會落在難打的地方。

我觀察過許多撞球比賽，發現某些技術高超的選手能用心靈力量控制球的去處和方向，但他們可能毫無自覺，不知道自己正在使用這種力量。如果這股力量對高爾夫球有用，撞球也應該同樣適用。

美國探險家洛依．查普曼．安德魯斯⑯說過一則故事，主要是說德州的聖安東尼奧市有位神槍手，他用點二二口徑的來福槍射擊拋向空中的小木塊，擊發的次數超過一萬四千五百次，沒有一次失手。安德魯斯隻字未提心靈圖像，只強調此人善於掌握開槍時機，瞄準功力一流。但是，假如各位有長時間練習飛靶或標靶射擊的經驗，你一定知道「觀想」這招是非常有效。

各位會發現，這套「魔法」在所有運動領域都能發揮效用。不論是厲害的打擊或拋傳拋踢，所有球員有意無意都會預想球落在完美落點的畫面。當然，熟練度和時機的掌握是基本必要條件，但也不要忽視心靈與精神層面的力量。

關於這一點，馬可斯．巴赫博士⑰所著的《尋得信念》有個段落令我印象深刻。巴赫博士描述他與一位神父打保齡球，從神父選球、站姿和擲球的動作來判斷，那個神父應該不會打保齡球。結果神父第一次出手就讓球瓶全倒，而且是巴赫博士見過最棒的好球。巴赫博士說：「神父從容不迫的態度非常獨特。他用雙手輕柔撫摸球身，彷彿在說：『如果是上帝來扔這一球，會出現什麼結果呢？』」

讀者們大多可能既不是高爾夫球選手，也不是撞球專家，不過我可以用一個簡單實驗向各位證明，透過觀想或心靈藍圖產生的吸引力真的有作用。請找幾顆小石子或鵝卵石，鎖定一棵直徑六到十吋的樹幹（或柱子）。站在離樹幹二、三十呎外或更遠處，然後盡可能對準樹幹扔石頭。一般人大多會偏離目標很遠。

現在暫停下來，告訴自己一定可以擊中目標，想像那棵樹會往前移動、迎向石頭，而石頭會撞在你要它擊中的那個點。過不了多久，你會發現你丟得越來越準了。不要說這事不可能。試試看，只要你願意相信，你會親眼見證這的確有可能發生。

二次大戰初期，汽油採配給制，我有位朋友想去湖邊獵鴨，但汽油不夠。有天我去他家，他告訴我他是如何拿到足夠的汽油配給券，並且還跑去獵鴨好幾趟。他說：「我原本已經打算放棄獵鴨了，結果突然靈光一現，想說應該可以利用『心靈的力量』拿到更多配給券。辦公室的同事都知道我想去獵鴨，大多也明白我的困難為何。我不知道同事們是否有向他們的朋友提起這件事，但最後我拿到的配給券數目多到超出想像。在那之前，我心裡一直出現一幅我正在打獵，以及我用別人給我的配給券開車去打獵的景象。也許聽來奇怪，但我真的拿到汽油配給券了。就連一位務農的朋友也把他汽油的配額分給我。」

現在我們來看看這個技巧在廚房裡能發揮什麼效用。各位是否想過，所謂的大廚是否也常有意無意使用同樣的技巧？假設有兩個人要做同一種派，使用的材料相同，也遵照相同的指示製作；結果其中一人失敗了，另一人卻做出史上最好吃的派。原因何在？

首先，第一個人做派時驚慌失措，因為她以前曾經做失敗過，這次也一直擔心派嚐起來的味道不夠好。她內心沒有「內餡風味獨特、餅皮金黃酥脆好吃，吃過的人心滿意足」的景象，她既煩惱又緊張，結果在不知不覺中，她的緊張情緒影響到整個做派的過程。

第二位廚師很清楚自己做的派一定是全世界最好吃的；果然，派確實好吃，而這完完全全是心靈藍圖——也就是信念使這位廚師辦到了。

假如你沒有烹飪天份，卻還是喜歡做菜（「喜歡」也許是最重要先決條件），那麼請先在心裡說服自己：你絕對有能力做出美味的佳餚，你一定辦得到，因為你的內心擁有力量，只要你相信它、召喚它，它隨時都能為你所用。下一次做派的時候，你要全心全意、全神貫注去做；當你看見心中最完美的派真實出現在眼前，你一定會嚇一大跳。

這套法則不論應用在哪裡都有效，從釣魚、賺錢到經營事業統統派得上用場。就拿戰爭為例，麥克阿瑟將軍離開菲律賓時曾說：「我會回來。」當時美國的太平洋艦隊已盡數毀於珍珠港事變，幾乎沒有飛機或載運的工具可供使用，且南太平洋幾乎完全控制在日本手中，麥克阿瑟實在沒有具體事實能證明他有機會再回來。然而，他鐵定是在心裡看見自己重返亞洲戰場的景象，否則他不可能如此宣誓。這是信心喊話，而歷史也記載他後來真的凱旋歸來。戰爭期間曾有無數類似例證，直到今天，同樣的情形仍持續上演。

---

①威廉．席布魯克（William B. Seabrook, 1884–1945）是美國失落世代時期的神秘學家兼探險家。

②席奧．博納（Theos Casimir Bernard, 1908–1947）是美國探險家兼作家，深受藏傳佛教影響，後來出版回憶錄《眾神的閣樓》（Penthouse of the Gods）而聞名。

③賀內．佛維醫師（Dr. René Fauvel）是法國心理學家，曾針對希特勒做心理分析。

④現代催眠術學會（Institute of Modern Hypnotism）是催眠研究初期成立的研究會，現在已經停止運作。

⑤休．強森（Hugh Samuel Johnson, 1881–1942）出身美國陸軍，曾是小羅斯福總統的親信幕僚，羅斯福總統並任命他為國家復興管理局長（National Recovery Administration, NRA）。

⑥威廉．詹姆士（William James, 1842–1910）是美國心理學家兼哲學家，他的著作對美國心理學教育影響深遠，因而有「現代心理學之父」美譽。

⑦文中提到許多美國大學美式足球著名教練，包括曾效力於聖母大學（University of Notre Dame）的紐特．羅克尼（Knute Rockne, 1888–1931）、帶過多所大學校隊的費爾汀．尤斯特（Fielding H. Yost, 1871–

1946）、丹．麥古金（Dan McGugin, 1879–1936）、賀柏特．克里斯勒（Herbert Orin "Fritz" Crisler, 1899–1982），以及盧．里托（Lou "Luigi Piccolo" Little, 1893–1979）。

⑧米奇．寇桂恩（Gordon Stanley "Mickey" Cochrane, 1903–1962）是美國職棒大聯盟球員，後來也擔任球隊經理，曾效力於費城運動家隊（今奧克蘭運動家）及底特律老虎隊。

⑨華特．迪爾．史考特博士（Dr. Walter Dill Scott, 1869–1955）是美國心理學者，是將心理學應用到其他領域的先驅。

⑩奧森．威爾斯（Orson Welles, 1915–1985）是美國電影導演、編劇及演員，從學校畢業後開始接觸戲劇，和朋友合組水星劇團（Mercury Theate），一九三八年的萬聖節，根據英國科幻大師威爾斯（H. G. Wells）的小說《世界大戰》（The War of the Worlds）改編廣播劇，引起不小騷動，因而聲名大噪。

⑪美國火箭學會（American Rocket Society, ARS）創立於一九三〇年，後來併入美國航太學會（American Institute of Aeronautics and Astronautics, AIAA）。

⑫巴克．羅傑斯（Buck Rogers）原本是科幻小說中的虛擬人物，後來改編成漫畫、廣播據，及電視電影，是主流媒體中探討太空探險的代表人物。

⑬本句出自聖經中的〈箴言〉，原譯為「沒有異象（或譯：默示），民就放肆（Where there is no vision, people perish.）。」

⑭班．烏爾．蘭普曼（Ben Hur Lampman, 1886–1954）是美國報紙編輯兼作家，他的短篇小說曾獲得歐亨利紀念獎（O. Henry Award），一九五一年時獲選為奧勒岡桂冠詩人。

⑮吉恩．薩拉森（Gene Sarazen, 1902–1999）是美國職業高爾夫球員，職業生涯中就拿過各大職業賽冠軍。

⑯洛伊．查普曼．安德魯斯（Roy Chapman Andrews, 1884–1960）是美國探險家與自然學家，曾經擔任美國自然歷史博物館館長。

⑰馬可斯．巴赫（Marcus Bach）走訪美國各地，紀錄宗教帶給信徒的力量，寫成《尋得信念》（They Have Found a Faith）一書。

第五章

心靈圖像法

任職投資銀行期間，有天一位年輕業務員來我辦公室請我給他一些建議。

「請您告訴我，我該怎麼克服我對某某先生的恐懼。我知道只要能和他見到面，只要能和他說到話，我相信我一定有辦法說服他下單。可是依他現在過的那種生活，我和其他業務都快嚇死了。」

年輕業務員提到的這位某某先生是億萬富翁，擁有一家規模極大的企業。他身材壯碩魁梧，頭髮蓬亂，永遠是蹙著眉頭，常用大嗓門嚇壞膽小的人。不過，我知道他欣賞勇於挑戰他的人。

這位年輕的業務員始終以他眼中看到的富翁來揣測富翁為人。我一時答不出來，但沒多久便有了答案。我說：「他又不會動手打你。假設你在沙灘上遇到他，而且他還穿著泳褲，雖然他身上連毛都露出來了，一副毛茸茸的樣子，但你應該不會害怕吧？」

「當然不會。」業務員說。這時，「毛茸茸」這點突然讓我想到一種動物，於是我問業務員說：「你有沒有看過綁在街頭藝人手風琴旁邊、戴著傻瓜帽、像小丑一樣跳舞的熊？你知道牠們雖然會怒吼、低咆，但牠們大多都沒有牙齒，被拔掉了，所以不能咬人。」

「當然看過。」業務員回答。

「好，那你把那位富翁想像成一頭無害的熊，頭上戴著傻瓜帽，脖子繫著項圈。現在，你心裡的障礙不見了吧？」

年輕業務員痛快大笑，滿心歡喜地離開了。

幾天後，他把兩萬美金的證券賣給那位富翁，而對方可能到現在還很好奇那個年輕人怎麼敢去見他，怎敢賣證券給他。聽說那個年輕小伙子現在還繼續跟那位富商做生意。

在那次談話之後，又過了幾個禮拜，同一個年輕人再度回到我的辦公室，告訴我他如何使用同一套方法做成另一筆交易。這回對象是一位聲音沙啞、鬍子花白、外表極具威嚴的老先生。他講話尖酸刻薄，嚇退過許多業務人員。

「那老頭，我超怕他的。我知道他有錢，但每次經過他的店，看見他在瞪我，他好像永遠都在瞪人，我就提不起勇氣走進去跟他說話。後來我想到之前你教我用在某某先生身上的那招『想像法』，腦中突然閃過『聖誕老公公』的樣子。我對自己說，『是呀，我可以把那個老頭當成聖誕老人，有誰會怕聖誕老人呢？』結果這次也成功了。老頭對我超好，我想或多或少是因為竟然有年輕人膽敢接近他，他心裡挺高興的吧。我拿到一筆五千美金的訂單，而且他叫我下禮拜再去一趟，他說想跟我討論他目前投資的清單。這表示我又有更多生意上門了。」

業務須知

許多位居要職的人都認為自己應該擺架子、使人敬畏。他們精心佈置辦公環境，雇用好幾位秘書和職員，此舉確實對某些人會有效用。但是，別忘了主管也是人，他們跟其他人一樣會害怕，會受誘惑，有缺點，這些人在家裡可能是溫順的小綿羊。當你想像他們真實的模樣，而非他們表現出來或裝出來的形象，你的心理障礙一定馬上就消失。真正偉大的人大多容易親近，很少拒人於千里。假如你碰巧是業務員，這段故事應該能給你一些想法，讓你在面對別人故意表現高姿態的時候，你能迅速化解心理障礙。

先在心中掌握全局

有位律師曾和我分享他的親身經歷，而這段經歷充分說明我的論點。「有一次，我和一位很有聲望、曾使許多年輕律師懼怕的前輩在法庭上較量。我承認，剛開始我的確有點害怕。但我閉上眼睛，對自己說：『我跟他一樣厲害。坦白說，我比他更厲害。我有能力痛宰他，我會痛宰他。』我反覆默念這些話，好幾秒鐘之後，等我再度睜開眼睛，我覺得就算有兩個他出現在我眼前，我也不怕。現在，每當案子很棘手或陪審團不太買帳的時候，我就用這招。你要說是運氣也可以，或者說不定只是我的幻覺，但是這招每次都有效。」

外表或舉止看起來強硬的人其實大多是很心軟。任何人只要突破這層心理障礙，應該都能掌控全局。下回要去拜訪這類人物之前，先做幾次深呼吸，告訴自己，對方是好好先生，那他就真的會是好好先生了。

一九三〇年代大蕭條期間，一家大型連鎖商場的好幾位經理、副理和商販主動來向我求助。經過六個禮拜的講習，這群人決定要實際操練一番。他們決定每家店每一星期要選一天運用我講述的技巧，推銷特定商品。經過多次討論，最後選出幾樣促銷的商品，包括起司、烤肉捲、鮭魚和當地農產等（某間店址較偏遠的店經理表示，他可以向一位農家以實惠的價格買到在地農產）。每項商品促銷的前一天，店經理都會仔細教育員工，告訴他們如何在心裡描繪出讓顧客購買促銷商品的畫面。當然，這些特賣商品都陳列在最顯眼的位置，而店員則接收到指示，無論一整天下來有沒有顧客上門，店員都必須一心想著「要賣出特賣商品」的心靈圖像。

結果效益驚人。選定起司為促銷商品的店家，當天賣出的起司超過之前六個月的總量；週六推出烤肉捲特賣的那家店，在中午以前就把烤肉捲賣光光了；有家店敲定禮拜五專賣鮭魚，結果當天他們賣出的鮭魚比其他所有分店加起來還多；而選擇賣在地農產的分店則在促銷當日兩度連絡供貨農場來補貨。

現在，除了一人不幸於二次大戰中陣亡，當年參加講習的人都有了自己的事業，要不就是找到更好的工作。其中一人現在是三家店的老闆，而另一人則是鄰州某連鎖店的經理。

我想起最近跟西岸一家大型廣告公司老闆聊天，這位老闆負責某知名咖啡製造商的廣告已經好幾年，但最近，咖啡商把公司給賣了。

「要說有誰把信念的力量發揮得淋漓盡致，」廣告公司老闆說，「鐵定是那個咖啡製造商了。那個老傢伙，很早就投身咖啡這塊領域，學會了烘培與混豆。後來他發現，如果自己創業，應該可以做得更好。他相信自己能調配出全世界最棒的咖啡；他在咖啡業界打滾這麼多年，直到退休那一刻還堅信他的咖啡是市場上最棒、最好的。不用說，就是這份信念讓這個老頭成為百萬富翁。」

還有一次，我把一份手稿拿去印刷廠要印成小冊子，手稿內容就是本書討論的主題。隔天早上，印刷廠老闆衝進我的辦公室，上氣不接下氣，而且激動得全身發抖。我問他怎麼了，他急急說道：「這事太奇怪了！昨天晚上我把你的手稿帶回家看，然後我告訴自己：『假如這玩意兒真有作者說的那麼神，那明天我去找他的時候，應該可以在他辦公室附近順利找到停車位。』我原本沒怎麼多想，直到幾分鐘前，我從印刷廠開車過來，這個念頭又冒出來了。我心想這法子也許有用。等我轉彎到第六街，沒看見停車位，正想把這念頭扔到一邊去的時候，我碰巧減速讓幾個行人過馬路，結果就看見這棟大樓前面剛好有車開走——我就找到停車位了。我全身都起了雞皮疙瘩呀！但也許這就是你的小冊子上說的信念那回事。」

「說不定喔，」我說：「那你要不要再試試看？」

他試了，而且一連好幾年都得到同樣的結果。各位或許會說這是巧合，但那位印刷廠老闆可不這麼認為，因為那次之後不久，其他印刷廠正苦於接不到訂單，而他的生意卻逆勢成長三倍以上。

然後在心裡打贏這場仗

我經常把印刷廠老闆找停車位的故事說給身邊朋友聽，令我驚訝的是，他們似乎也跟那位老闆一樣，都能用同樣的方法找到停車位。有位女士告訴我，她與妹妹開車進城前，固定會在心裡默念「我們一定會在想要的地點或附近找到停車位」。這方法沒有一次不成功。

另一位在大醫院擔任營養師的女士告訴我：「不管這是什麼力量，我常常被它的作用嚇一跳。我舉個例子來說明好了，這個例子到現在還是常常發生：我每天早上開車上班，車子開進商業區後，通常是一路綠燈，暢行無阻。我甚至不記得有哪次遇到紅燈。現在我對這種狀況已經習以為常了。」

幾個月前，報上說有位女士闖紅燈遭到逮捕，報紙還說那位女士成功說服法官，讓他相信她駕車通過馬路時，號誌燈顯現的是綠燈。這位慈祥和藹的婦人告訴法官：「庭上，當時不可能是紅燈，只有可能是綠燈，我過馬路一定都是綠燈。因為每次接近十字路口的時候，我一定會在心裡默念『變綠燈，變綠燈』。」法官採信她的話，便釋放她了。

不過逮捕她的警方卻說，那個路口沒有紅綠燈的變換，只有閃紅燈。但這位和藹婦人以她堅定的信念說服法官。顯然，她深信她能讓號誌依她想要的方式改變。

有位女士則是說起她長途駕車的經驗，她丈夫從華盛頓特區調職到西岸，她獨自開車去找他。「起初我嚇死了，」她說：「這輩子從來不曾一個人開這麼遠的路。但是有一天，我想起我祖母，她是當年大西北的拓荒先鋒，一個人獨力完成好多事，於是我馬上不怕了。出發前我把車開去修車廠檢查，他們建議我最好把輪胎換了再上路，說舊胎隨時可能會爆胎。如果我不是急著出發，不想拖延，應該會接受他們的建議。這時我又冒出一個念頭，我相信我的輪胎會撐到最後，陪我橫越美國——結果真是如此。現在我不常開那輛車，舊輪胎還在，雖然狀況很不好，但沒爆胎過。」

再舉一個例子，這個案例能強力支持我的論點。有一家煉油公司，投資人在這家公司投資了超過一百萬美元。該公司早年因訴訟與銷售問題而面臨極大的財務困難，最後不得不重整財務結構。股東雖然取得新股份，但有好幾年領不到股利。有人教股東們要想像所有的石油都會變成鈔票，想像無數的錢從煉油廠和油管裡流出來——簡而言之，就是把公司看成印鈔機。附帶一提，這家公司所處的煉油產業幾乎完全掌控在實力雄厚的大企業手裡。但即便如此，這家公司不僅真的變成印鈔機，後來轉手賣出時還讓股東連本帶利大賺一筆。

運動迷耳熟能詳的職業拳擊手經理人吉米．葛里波①也用這套方法打造好幾位冠軍選手。他教他們觀想自己打贏比賽，最後他們真的都成了拳王。

我知道有些讀者，特別是不熟悉心靈力量的讀者，可能會質疑這些故事的真實性，但這些故事主角所言句句屬實，這點是毋庸置疑。此外，我甚至認為，說不定有更多讀者能提供更不可思議的親身經歷。

強烈的心靈意念

英國知名研究人員暨作家喬治．泰羅②曾說，假如我們在潛意識中下定決心想完成一件事，那麼我們就可能受到潛意識指引，去做一連串事件，不斷促成結果產生，終至心想事成。長期任教於芝加哥大學的謝勒．馬修斯博士③也贊成這個說法，他表示：「強烈的慾望能影響並左右我們身邊的人事物。光是從我們自己身上就能找到心理學證據，證明慾望的影響力。」

以下就是兩個最直接的例子。

某大型古董店女老闆是公認的古董權威，不少女性喜歡找她諮詢，但她偏偏不愛參與社交活動。有位女士經常藉故找她出席午餐約會或茶會，使她不勝其擾；但前者其實只是想讓人看見她跟古董權威走得很近，因此女老闆一次又一次婉拒她的邀約。有一天，有個婦女俱樂部邀請知名人士蒞臨演講；女老闆抵不過那名女士的請求，終於同意與她一同出席。

古董店女老闆告訴我：「我一時不察答應她，但馬上就後悔了。我討厭那種自以為高尚的場合，而我很確定這場演講當然又是一場自以為是的聚會。說真的，那天晚上我光想到自己做的決定便渾身冒冷汗，不斷在想有什麼辦法能讓我不必參加，又不得罪那位女士。那位女士是我店裡非常重要的客人，如果我放她鴿子，想必她一定會用非常惡毒的話批評我。」

「我絞盡腦汁，想了各種藉口，但沒一個夠有說服力。我煩惱得快發瘋了。我跟那位女士沒有任何共同點，坦白說，她令我厭煩。眼看見面的日子越來越近，她打電話來的時候，我差點要脫口而出告訴她，我另外有重要約會，不能跟她去聽演講了。」

「結果反而是她告訴我演講取消了，並且頻頻致歉。當時我真的大大鬆了一口氣。我完全相信你在宣揚的理念，我認為，我心裡的念頭跟演講取消是有關的。我知道有些人會說這只是巧合，那就隨他們去說吧。但我遇過比這更奇妙的事，而這些事不全是巧合呀。」

另一則故事是一位製藥公司主管告訴我的，他的公司主要生產治療花粉熱的藥物。他不久前才剛搬家，在辦公室附近找到住的地方，並且打算在住處裝一支電話。

當時戰爭剛結束，等待安裝電話的人很多，電信公司只肯先為醫療機構、警政消防單位和涉及公共緊急事務的處所安裝電話。

他到處找人幫忙，試了兩個月還是沒有下文。後來透過一個我們彼此都認識的朋友牽線，他得知我認識電信公司主管，於是便來找我。我勸他別指望，因為我也沒法幫他跳過幾千人，優先裝好電話；但我也告訴他，如果他能為自己創造優先權，那麼他應該會順利先裝到電話。

我問他聯絡過電信公司的哪些人，他告訴我幾個人的名字，從主管到小職員都有。然後他開始解釋為什麼急需在家裡裝電話，因為他是公司唯一能在下班後處理業務的人。

「你常打長途電話嗎？」我問：「貴公司每個月電話費多少？」

他回答我一個高得驚人的電話費金額。

我告訴他：「帶著最近幾個月的帳單去電信公司找你最先連絡的那個人，盯著他的雙眼，告訴他你馬上要裝電話，不能延誤。但是，在去找他之前，你必須先相信自己能說服他，否則你會徒勞無功。你要下定決心，相信一定會把電話裝好，而且你得相信自己一定會做到。」

「我會試試看。」他說，然後又馬上改口：「不對，我會去做這件事，而且我會把電話裝好。」

幾天後，他來找我。

「還真有用！我一定要告訴你這件事，因為實在是太神奇了，正面思考竟然能引發一連串事件。我去找當初我第一個連絡的人，他很驚訝我竟然又回去找他。這一次我詳細解釋我為何急著要在家裡裝電話，我也照你的建議把公司電話費帳單秀給他看；不到一分鐘，我就成功說服他了。就在他要打電話給主管、替我轉達的時候，他的主管碰巧為了別的事打電話過來。於是這位先生順便把我的難處告訴主管，主管就同意把我列入優先名單。這位先生建議我去找某某先生，那人是負責評估安裝的優先順序。在那天之前，我從沒聽過這個人，也完全不清楚優先安裝制度的事。於是我去找他，把我的理由告訴他，同時提到我的工作內容和我們公司的產品。當他說到他本人深受花粉熱所苦的時候，我差點腿軟，因為我恰好能幫他，他還說他試了好多種藥都沒效。從那時候起，一切有如順水推舟，事情順利得令我有點心裡發毛。那個主管怎麼會剛好在那個時候打電話給我一開頭去找的那位先生？而最後有權拍板定案的那個人怎麼會剛好有花粉熱的毛病，而我碰巧又能幫助他？從現在起，要是再有人嘲笑信念的力量，那就叫他們來找我吧！」

想的是什麼，就會像什麼

我們都知道，思維能左右我們的言行舉止、臉部表情、交談內容，因為平常我們習慣想的是什麼，我們的外在就會表現出什麼樣子。許多女性用各種方法讓自己變得更美麗，譬如感受美的事物所帶來的喜悅、心懷美麗的想法、穿漂亮衣服、用賞心悅目的物品裝飾環境、擺出優雅自在的姿態、不時告訴自己一定會成功等等。各位一定在電影裡看過，原本其貌不揚、衣著鄙陋的女孩，一穿上華美的衣服，梳上新潮的髮型，就會搖身一變成為吸睛的美女。你也同樣辦得到。只要你在心裡時時牢記一個全新自己的模樣，一刻不鬆懈，就能更讓自己完全不一樣。

只要停止自己嚇自己……

許多人怕看牙醫，但真正讓患者害怕的大多是患者心裡以為會發生的事，而非真實會發生的情況。每個人都有自己想像出來的恐怖情境，使我們寧可繞遠路也要避開。一九四〇年七月七日那一期的《美國週刊》④登了一篇文章，介紹匹茲堡一位牙醫師，他最擅長搞定害怕看診的小朋友。這位牙醫在診間隔壁闢了一間遊戲房，裡頭擺滿玩具、沙箱、積木等等，希望讓小孩把注意力放在玩樂上，不要去想看牙的事。

在診療椅上，牙醫只問孩子剛才玩了些什麼，絕口不提牙齒；他甚至還在那排電動牙鑽上裝了按鈕，讓孩子可以自由開關。治療開始前，他向孩子們保證，如果在治療過程中有感到任何一絲疼痛，他們可以自己切斷電源，關掉牙鑽。他的診所生意好得不得了。

有位頗受小朋友喜愛的理髮師，在店裡架子上擺了許多童書，每一本書的插圖都好漂亮。每個坐上理髮椅的孩子，手裡都拿著一本童書。他讓孩子們先沉浸在圖畫書裡，然後才開始理髮。「這個方法不見得對每個孩子都有效，」他說：「尤其是那些還不會看圖片的小小孩。這時我就會拿出一些玩具，像是捏一捏會發出尖叫或奇怪音效的玩具，這樣都是為了讓孩子忘記自己正在剪頭髮。一旦奏效，我剪起來就輕鬆了。」

想像力或心靈圖像的描繪也常出現令人不舒服的結果。基本上，恐懼是人自己想像出來的，數百萬熬過戰爭的男男女女都能證明這一點。假設你突然接到一封電報或長途電話，或者在還沒打開信封或接起電話之前，你深怕聽到壞消息，你幾乎立刻感覺到「胃部一沉」。雖然結果說不定是好消息，但你在接到消息的那一刻仍會因為恐懼而發抖，也只有好消息才能解除這份緊張的感覺。

我常跟人提起下面這個故事。有兩個人住進旅館最後一間空房，這房間平時是儲藏室，但房客一多，旅館就把它當客房用。半夜裡，其中一人抱怨空氣不流通，於是爬下床，在黑暗中摸索，來到自以為是窗戶的前面。但窗子打不開，於是就摸索找了一隻鞋，把玻璃敲破，之後兩人一夜好眠。隔天一早醒來，他們發現窗子完好無損，原來他們打破的是櫃子的玻璃門！

二次大戰時也有人說過類似的經驗。有個名叫瑪格瑞塔．韋斯特的女兵告訴《今週刊》⑤記者，當年她從南太平洋搭乘運兵船返回美國，與另外十七位女性擠在同一間艙房。礙於燈火管制的規定，對外窗戶必須全數關緊，因此船艙內悶得令人窒息，但上頭特准就寢時可開窗。韋斯特女士說，她打開舷窗後，大夥兒開心不已，直呼終於可以睡好覺了。隔天一早醒來，她們卻發現韋斯特女士只開了內窗，外窗依然緊閉，整晚沒有光也沒有空氣透進來。

戰時實行食物配給制，許多人只好拿人造奶油招待朋友，但客人多以為是真的奶油。禁酒時期，人們也常把私釀的威士忌裝到貼上標籤的酒瓶，佯裝成真的威士忌販售，但多數人無法分辨真偽。下等的鯛魚有時也被當成紅鯛來賣，卻少有人察覺。

別被想像的事誤導

已經有許多人透過無數的科學方法證明想像力所能產生的力量。有人把郵票貼在受試者的皮膚上，告訴他們那是芥末貼布，結果皮膚還真的冒出疹子。科學家拿食物餵狗同時搖鈴，沒多久就能讓狗一聽見鈴聲便想到食物；最近科學家又發現，光搖鈴就能刺激動物分泌胃酸。坐在餐廳吧台，望著旁邊客人面前令人食指大動的餐點，你鐵定馬上覺得肚子餓，開始流口水。

剝洋蔥時常會讓人流眼淚。然而，光是看別人剝洋蔥，即使剝洋蔥的人離觀看的人好幾步遠，室內也沒洋蔥味，還是會令其他人開始流淚。有些人不吃熱過的剩菜，認為這些東西會害人生病，那麼顯然他們以前一定是吃過害他們嘔吐的剩飯剩菜（也許是餿掉了），所以想吐的心靈圖像一直揮之不去。還有人認為飯後一定要喝汽水，幫助消化，但醫學權威認為，這通常只是想像力作祟罷了。

我曾多次搭船橫越太平洋與大西洋，即使遭遇猛烈的暴風雨、船身劇烈搖晃，我也沒暈過船，僅有一次除外（因為得去幫助另一位身體嚴重不適的乘客）。早年剛開始乘船旅行的時候，我發現不能盯著暈船的人看，否則暗示的力最後會讓我也想衝向船舷、跟著吐出來。遭遇突如其來的衝擊時，壓力會使人胡思亂想，進而使你開始發冷，也許還會盜汗和打寒顫。醫師說的話使你情緒受到衝擊，若你繼續胡思亂想，最後可能產生很可怕的影響力。

為了證明想像力的作用，我在演講時經常用兩個瓶子做道具，裡面裝盛不同顏色的液體。我告訴聽眾，其中一個瓶子裝了紫丁香香水，另一個是玫瑰香精，然後我解釋這個實驗的目的是為了瞭解聽眾「感知能力」的差異。我轉過身，不讓聽眾看見我倒出哪個瓶子的液體，同時要求聽眾試著辨認香氣。有人說紫丁香，有人說玫瑰。最後聽眾都會發現自己是受到想像力的誤導，因為瓶中裝的只是有顏色的水，根本沒有香味。

馬克．吐溫曾在《論香菸》⑥這篇短文中寫道，有個人表示自己能辨別雪茄的優劣，但此人其實沒這個能耐，他只是靠品牌來區分，卻自己以為分得出香氣的不同。馬克．吐溫本人以喜歡抽劣質雪茄聞名，有次他向一位有錢的朋友借來一些非常昂貴的雪茄，雪茄的紅色金色標籤顯示其品質極佳。馬克．吐溫撕掉標籤，把雪茄放進自己的菸盒裡。晚餐後，他拿出菸盒請在座朋友享用，但友人們抽了幾口便扔掉了，因為他們都以為這是馬克．吐溫平時抽的爛雪茄。當然，不同品牌的雪茄或香菸會有不同的味道，但想像力經常主導並左右我們的判斷。

裝久了也會成眞

發明家、藝術家、科學家、建築師以及大企業創始人都喜歡運用想像力，各位知道這點後多少就能瞭解想像力有多重要了吧。莎士比亞說：「如果沒有美德，也要裝出有的樣子。」請各位謹記這個真理。人必須能想像自己有美德的樣子，才能展現出美德。為了讓自己成為心目中理想的樣子，你必須先想像一個全新的你是什麼樣子；若你可以在心裡面一直想著那個全新的自己，總有一天會成為內心所想的那個樣子。實現理想，也是依循同樣的道理。

心靈圖像不是白日夢

但我們必須明辨白日夢和心靈圖像（或正確運用想像力）這兩者的不同。也許世上真有精靈會把十萬美金扔在你腳前，或者讓你一夜之間得到富麗堂皇的豪宅；可惜我從未有這個榮幸巧遇精靈。白日夢或漫無目標的妄想無法釋放潛藏在你心中的力量，無法帶給你十萬美金或華屋美宅。可是當你適當運用想像力，會看見自己正在做某件事，然後你會勇往直前、付諸行動，將想像中的那件事化為行動，最後才會成真。

說到這裡，各位不妨想一想放大鏡的作用。如果抓準焦距，放大鏡會集中陽光，聚集的熱能會將焦點處燒出洞來；然而，在熱能累積的過程中，操作者必須穩穩握住放大鏡才行。牢牢記住想像的畫面或心靈圖像也是同樣的道理。

本書第一章提到的法國心理學家艾密爾．庫維在闡釋「暗示的力量」這部分貢獻良多。他表示，想像的力量遠遠強過意志力；若兩者正面交鋒，絕對是想像力勝出。假設你是菸不離手的老菸槍，有天你決定戒菸了。你態度堅決、信誓旦旦表示要靠意志力撐過去。但突然間，你想起雪茄的滋味有多好、香氣多迷人、多麼令人放鬆——於是想像力開始作祟，戒菸的決心瞬間拋至九霄雲外。人在戒酒和戒除其他惡習時也常出現類似情形。

活躍於一百多年前的法國哲學家查爾斯．傅立葉⑦曾說，未來的世界是人腦想像出來的世界，人類受渴望與熱情驅使，並依從渴望和熱情驅使來形塑、控制、支配未來世界。他的預言即將要成真，只不過人類才剛開始知道運用心智力量來控制、形塑這個世界。

前面討論了這麼多，接下來我們要看看「渴望」這個主題。你這輩子真心所求的是什麼？懷有遠大夢想的人其實相當少，一般人大多只求安於現有的平凡工作，維持現況。他們接受命運的決定，很少想到透過心靈或勞力再額外努力，讓自己擺脫現有的工作或角色。他們從未抬起目光，也不曾明瞭，不論是三十呎樹枝上的鳥兒或平地上三十呎以外的鳥兒，要射中鳥兒的難易度其實是一樣。許多人只會癡心妄想，但光是妄想並不具任何效果，因為妄想缺少了最重要的因素——力量。

具體強烈的心靈圖像

不過，當你認識「努力追求目標」的人（這種人很多），就會發現，驅使他們的強大力量完全來自渴望。對這些人來說，這似乎是很自然的事——實際上也幾乎是如此，因為他們會善用潛意識的力量，產生出吸引力、統合力，再將這個令你心動的目標的畫面傳送至意識心智。

因此請切記，不論你全神貫注或專心想像的事情為何，最後你一定會吸引它向你靠近。這可不是文字遊戲，這是事實，任何人都能找到滿意的證據。但這究竟是吸引力（磁力）或電力的結果，目前仍不得而知。雖然人類尚無法明確加以解釋，但生活中到處可見意念吸引力的例證。意念吸引力有點像電場，雖然我們無法說明電力到底是什麼，但若從物質層面解釋，我們知道人類可以利用各種發電設備產生電力；每次開燈或啪一聲開關按鈕，就都見證了電力的存在。

然而，一般人連短時間專心都很難做到，更別說要長時間專注於牢記心靈畫面。有很多方法可以證明這一點。你會發現，無論是思緒、想法或幻想都會以驚人的速度自心頭消退。你所讀到、看到、聽到的訊息不斷左右著你，於是，原本負責協調、統合的想像創造力就會轉而去蒐集一堆亂七八糟、支離破碎的片段資訊，沒有努力將你的渴望繪製成清晰、栩栩如生的心靈圖像。

因此接下來我要介紹一套技巧，任何人都能利用這套技巧來使自己的思維專注，滲入潛意識的最深處。這點等下會再詳述。

我曾去過許多企業領導人、商業鉅子、大銀行家等成功人士的辦公室。早在理解信念的法則之前，我便對這些大企業裡面所懸掛的畫作、照片、標語、塑像等等深感興趣。某大集團老闆在辦公室掛著創業元老的照片，另一位則在辦公室掛著史上所有優秀資本家的照片；有些人的辦公室有拿破崙半身塑像，有些人則安置小佛龕或雕工精巧的佛像。我見過有人在牆上掛著「隨時隨處挑戰不可能的任務」、「別人能，我們也能」、「立刻行動」、「積極主動發，莫待催促」之類的標語。據說，人稱「商場拿破崙」的法蘭克．伍爾沃茲⑧把公司總部的辦公室佈置得簡直就是拿破崙書房的翻版。各位也許聽過或看過類似的擺設佈置，但你可曾想過背後用意為何？

答案只有一個。這些擺設具有提醒的目的，讓待在掛滿偉人肖像的房間裡的人，想像自己也可以像眼前這些人一樣成功。每次環視辦公室，他的視線總會看見一句座右銘或勵志標語。坐在辦公桌前，他會看見或感覺到拿破崙的目光落在自己身上；每當凝視小佛龕，他便能感受到靈性拂照。換言之，這些物品都能激發想像力，藉由圖片或一連串暗示啟發他、鼓舞他，觸及他的潛意識心智。許多醫師（包括那些對暗示力量嗤之以鼻的醫師）都在辦公室懸掛對醫學有貢獻或醫學院名師的照片。我常好奇，不知這些醫師明不明白這些肖像所蘊涵的力量？

潛意識變得敏銳，便能精準地發揮作用，將潛意識接收到最清楚、深刻的暗示具體實現。各位只要明白這一點，應該就更容易瞭解為什麼要保持專注，以及要持續重複相同的暗示。

顯然，愛迪生和其他偉人一樣深知暗示的重要性，也知道該如何運用這股力量。愛迪生去世後，遺族將他的書桌封起收好。一九四七年二月八日，為了慶祝這位偉大發明家的百年冥誕，人們再度打開愛迪生的書桌，結果在眾多物品中發現一張相當顯眼的紙，上頭寫著《聖經》中的傳奇故事：「約拿記得自己被大魚一口吞下，結果毫髮無傷逃出來了。」愛迪生肯定很重視這句話，或者經常反覆思索，否則他不會把這張紙放在桌上最明顯的地方。

我也常把渴望和暗示跟種花種菜聯想在一起。我們翻土整地灑下小小種子，沒多久種子生根，開始發芽。在新芽向上鑽過土壤、尋找陽光和水的那一刻，它們不怕任何阻礙。新芽必須推開石子和小樹枝；如果推不動，它們便向旁伸展，繞過阻礙，繼續生長。它們決心拔地而起，除非遭遇更大的力量摧殘，否則它們都能成長茁壯，開花結果。雖然我們無法完全知曉大自然奧祕的所有細節，但我們可以觀察，看著長期蟄伏在黑暗中的種子慢慢成長茁壯，最後變成美麗或有用的植物。勤於耕耘、細心照料，再給予陽光和水，植物必能順利成長。但無論是純種或異種，你種什麼樣植物的種子，就必定長出什麼樣的植物。

你和你傳送至潛意識的暗示也是同樣的道理。會得到單純或複雜的結果，端看最初種下的種子與之後是怎樣照料而定。換句話說，播下正確的種子，也就是純正的思想，抱持積極、正面的想法，永遠想著同一個結果，持續餵養，最後必能培育出強大的力量，並且找到克服一切艱難險阻的方法。種子的根會向外擴展，尋找更多養分，成長茁壯，開枝散葉，汲取更豐沛的陽光。

從渴望到真實

渴望是推動世界進步的動力。沒有渴望，我們可能還停留在原始時代。我們現在擁有的一切全是渴望帶來的成果。事實上，渴望是生命的原動力。我們的四周，不論是動物界、各種形式的植物、人類的所有行為和活動，到處都是可見的例證。飢餓引起對食物的渴望，貧窮使人渴望富足，寒冷使人渴望溫暖，不方便促使我們渴望更方便的事物。

渴望是人類所有行為的動力。沒有渴望，人類不可能達成遠大的目標。渴望的強度越大、態度越急切，就能越快達成目標。事業有成的人和那些未受教育、只能出賣勞力者，二者的差別在於渴望；小職員和主管、失敗者和成功者的差異也都是渴望。所以你必須先要有渴望，時時謹記「信念」是真的具有強大的力量，總有一天你會實現內心的想望。這套技巧的目的是幫助各位全心集中注意力，專注地將你渴望達成的心靈圖像聚焦於潛意識屏幕上，同時摒除所有可能令你分心的負面想法、恐懼或懷疑，避免讓這些想法和念頭投射、滲入到潛意識。

採用卡片法

現在，讓我來說明一下剛才提到的技巧。請隨意拿三、四張卡片，像名片那種普通紙卡即可。找個不受打擾的地方，辦公室、家裡、房間等等都可以，坐下來，問問自己最渴望什麼。想到答案，並且確定這就是你最迫切的渴望之後，在一張卡片上用文字描述出你的這個渴望。簡單幾個字就行了，比方說想要有工作、換更好的工作、賺更多錢、自己的房子等等，然後在其他幾張卡片上也寫下相同的字。

接下來，把一張卡片放進皮夾或皮包，一張放在床邊或貼在床頭櫃上，一張黏在鏡子或梳妝台上，再拿一張放桌上。各位大概已經猜到這麼做的用意了。這是為了讓你整天、無時無刻都能看見並記住你渴望的事物。一天二十四小時中，入睡前和早上剛醒來這兩個時刻尤其重要，你必須格外集中注意力去想像你渴望的事物。但不可以只在這兩個時段運用想像而已。你越常用這個方法去觀想渴望（用你自己發明的方法也行），渴望就會越快實現。

一開始你可能不知道成果會怎麼出現，不過完全不必擔心，交給潛意識就行了，潛意識自有方法，開啟你從未想過的廣闊通路或康莊大道，你會得到最意想不到的協助，會在最意想不到的時機發現有助實現願望的點子或想法。你可能會突然想到一位久未連絡的朋友，打電話給某個不曾謀面的人，或者寫信聯絡某個人。總之，不論腦袋裡冒出怎麼樣的念頭，照做就是了。記得在床頭櫃上擺一疊紙、一隻筆，想到什麼就寫下來，這樣隔天早上才不會忘記。許多成功人士常在晚上蹦出靈感，他們會馬上拿筆記下來，才不會忘記。

我以前還沒徹底瞭解這個技巧前，認識過一位主管，他每天早上一進辦公室便馬上把口袋裡的字條掏出來，不一會兒就開始忙了。那些紙條可能寫著媒體的批評指教、促銷活動大綱、新的採購計畫、銷售單位重組規劃一類的事，但這些字條全是他事業成功的幕後大功臣。

前面我曾說過為什麼成功的企業人士習慣在辦公室擺掛照片、座右銘、標語或塑像的理由。假如各位還記得，那麼你們一定會明白，這個「卡片法」也是運用同一種力量，只是讓力量更集中而已。

然後寫下你的目標

走筆至此，我想起當年決定用這個技巧挽救公司的往事。當時我的職位是副總裁，我請所有員工以半圓形圍坐在我前面。談話開始前，我請每位同事準備紙筆，他們大多以為我要他們做筆記，沒想到我要求他們寫下自己最渴望的事物，大家都很訝異。我解釋說，如果他們寫得出來，我就有辦法告訴他們如何實現願望。當場有兩、三位年輕人笑出來，但其他較年長的同事很清楚我是認真的，便依指示做了。我只簡單對那幾個年輕人說：「如果你們想保住飯碗，照我的話去做。假如這個辦法沒用，那我們統統都得上街討飯去了。」他們也只好照辦。我特別叮嚀他們不要把寫好的紙條拿給別人看。談話結束後，其中一名年輕人私下來找我，為他剛才的態度向我道歉。

「沒關係。」我說。

「可是，光想到我寫下『想要一輛車』就能得到車，」他解釋：「這聽起來還真蠢呀。後來聽你解釋其中的原理後，我覺得還蠻有道理的。」

幾年後，這個年輕人來我家找我，想給我看一樣東西。他果然得到了。屋外就停著他新買的昂貴轎車。

之後幾年，我一有機會就去問問當年參加那場談話的人，問他們當初寫下的願望是否已經實現。結果無一例外，每個人的願望都實現了。有個人想娶某國籍的女子為妻，結果還真娶到了，並且生了兩個可愛的男孩。另一個人當時寫下一大筆可觀的財富，結果他真的賺到了。還有人想要海灘小屋，想要更好的房子……。寫下願望後，這些人年年賺取穩定收入，其中有些人的月收入甚至比過去還多，多到令同行都嚇一跳。

還要防止別人的干擾

我必須再次強調，各位絕對不能向任何人透露你在卡片上寫了什麼，也不能向任何人暗示你渴望什麼，不然結果可能一塌糊塗。等你更瞭解這個技巧之後，你就知道，因為嫉妒或其他因素而起的念頭，會有意或無意發出振波，抵消你的思想振波。

為了說明這個情況，我以一位醫師朋友的經驗為例。二戰剛發生時，他申請加入海軍出征，而且關掉診所，告訴身旁所有人他要從軍去了，結果他收到了好多禮物和派對邀約。「這件事讓我學到了教訓，絕對不要把你的計畫或渴望告訴任何人。」後來他笑著對我說：「我等了兩年才拿到派令。等待的時間裡只好繼續回診所工作，這樣對我和我的家人來說實在尷尬：收到那麼多大家寄來的餞別禮物和宴會邀請，結果我卻在家裡蹲了兩年。」

若你把自己的意圖告訴別人的話，你會分散力量，失去與潛意識的緊密連結。你也會發現，若不照本書指示的方法去做，你只會不斷回到原點，不斷從頭開始。

「祕密進行，一個字也別說」是這套技巧的鐵律。

更要大聲讀出你的目標

讀者也許還記得，我在前面章節曾提過咒語、禱詞、吟誦、自我肯定話語等等，我也解釋過，這些方法都能啟動暗示的力量，刺激潛意識開始運作。

無論是反覆默念或大聲說出來，這全都只是為了說服潛意識；不論採取哪一種形式，唯有運用自我暗示才能形塑潛意識的樣貌。潛意識的感受力極為敏銳，不論你傳遞出什麼暗示，真的或假的，積極的或消極的，潛意識照單全收；這些暗示的想法一旦植入潛意識，潛意識就會開始用所有力量或手段，來實現暗示的想法，使這些想法在現實生活中發生。若想說服潛意識接受你欲傳達的想法，用詞越簡單越好。比方說，假如你不開心，那麼就對自己說「我很開心」。這個動作不需藉由卡片完成，只要在心裡對自己說個二、三十遍就行了。「我很堅強」、「我很開心」、「我很有說服力」、「我很友善」、「不會有事的」，這些簡單的句子都是能改變觀點、讓心情變好的自我暗示話語。但是，如果想讓結果更持久，各位必須持續重複這些話語，直到渴望的結果出現為止。

凡是懷抱堅定目標，擁有清晰的心靈圖像，全神貫注於理想的人，就能運用重複法將自己的意念深植於潛意識，進而藉由潛意識持續發揮的力量，在最短的時間內以最經濟的方式實現願望。持續不懈地想著要追求理想吧！你將會一步步實現自己的目標，因為你所有的力量、行動都會發揮作用來完成。

假設你想找一份更好的工作或者獲得升遷提拔，這時你不只要用前面提到的卡片法，還要不斷告訴自己，你一定會得到那份工作。如果你已打從心裡相信信念的力量，那麼你應該能在心裡想像出自己得到這份工作的畫面；接著，利用重複法，把這個暗示的想法深深地、堅定地植入潛意識。這種情況或許可用「把釘子釘到木板裡」來比喻。先把釘子放在正確的位置，接著再用力敲它幾下，就能把釘子牢牢釘進木板了。別忘了，只要用強大的力量命令潛意識，潛意識會接受並致力實現接收到的指示。紀元前六世紀的希臘摔角家米羅與小牛的故事，就是最佳例證，說明重複暗示能衍生的力量。米羅從小牛出生的第一天就扛著牠，然後每天扛牠，久而久之，小牛長大成為成年公牛，米羅也照樣扛得起來。

充滿正面想法的心靈

現在我們再從物質層面思考。各位很清楚，兩個物體無法同時佔有同一個空間。如果將心靈比作是可以容納物體的空間，那麼，如果你的心已經被各種正面、積極、具創造性的思維所佔滿，就容不下其他負面的念頭或疑慮了。

假設你的心是只有一扇門的房間，而你握有唯一的鑰匙，因為潛意識只會回應你內心最強烈的振波，所以你能夠決定要接受正面或負面的想法，能夠決定讓什麼樣的想法進入你的心裡。

同理，我們還可以把心靈比作盛滿清澈純水的水缸。如果不先舀出一些清水，那麼不管在水缸裡放進什麼物體，都會使水溢出來。如果你容許懷疑或恐懼的負面想法進入潛意識，那麼就會把蘊涵力量的正面創造力給擠出去，減弱正向的心態。因此，只要拒絕不好的振波進入潛意識，你所聽到、看見或經歷的事就不會阻礙潛意識發揮作用。換言之，你的心靈必須隨時充滿正面想法，如此一來，這些正面思維的強烈振波才能擋開外在所有負面、具破壞力的念頭，不讓它們進入你的內心。

多年來，哲學家總是如此教導大家：「讓自己忙碌、有個工作、專注於當下，是保持心情愉快的不二法門。」這句話的道理就是，當我們專注在手上的事情，我們的心保持警戒，不會毫無防備，也不會任意敞開，所以外在那些不好的念頭無法趁虛而入。這也是為什麼醫師建議企業家或專業人士培養嗜好的原因，目的是不讓憂慮或惱人的思緒佔據心靈，使他們分心。也有醫師建議去旅行，看看不同風景，交交新朋友，遠離熟悉的環境，因為熟悉的環境常使人無法擺脫惱人的聯想與思緒。

寫到這裡，我想起一對老夫婦，他們的獨子在諾曼第登陸戰當中陣亡。收到兒子死訊之後，有好幾個月他們都沒有更動兒子房間的擺設，保持在他剛離開時的樣子。每個禮拜天，他們總會花好幾個鐘頭整理傢俱，深情撫摸遺物。這對夫婦滿心都是對兒子的思念，也難怪他們始終無法走出喪子之痛。我能體會失去摯愛的心情，但我也知道，人必須關閉連結昨日的門，緊緊鎖上。因為我們活在當下，而非過去。

現在，既然各位已經瞭解如何透過思維，讓我們內心想要的狀況、環境和目標成真，那麼美夢能不能成真就取決於各位了。

假設你想要一幢新房子，首先在心裡描繪這個房子的樣貌，接著運用暗示的技巧，以任何你想像得到的表達方式，例如「我要有一棟新房子，我會有一棟新房子，我會擁有那棟新房子」等句子，來自我肯定。將來有一天，你一定能擁有新房子。

再假設你是業務員，想提升業績。那麼請運用之前提到的卡片法，並且盡可能常常對自己說「我要提高業績」，語氣要夠強烈才行。

雖然這些方法聽起來很怪，但照著做的話就能得到心裡期望的結果。假如我們想提升業績，也相信自己一定辦得到，最後業績必定能夠提升，就像有個看不見的朋友在暗中協助一樣。只要心懷期盼，不管做什麼都能成功。

一位從事保險業的先生使用這些技巧後，業績成長兩倍以上。他告訴我：「業務經理叫我聯繫布藍克先生，還說如果拿不到合約就不用回公司了。大家都知道這傢伙很難搞，以固執出名，而且反覆無常，從不撥時間聽業務說話，更別說我們做保險的了。不過，我知道他房地產很多，每一筆都需要不同的火險與責任險。從我下樓離開公司到抵達他的辦公室這一路上，我一直告訴自己：『你會賣出保單的，你一定會賣出去。不管別人怎麼說他，你會發現他其實挺和善的。他會對你很友善，接受你的提案。』這段話我大概重複了上百次吧。結果他不但很熱誠的對待我，還簽了一份價值兩萬五千美元的保單。這可是我們公司第一次成功賣保險給這位先生哪！」

這位保險業務員後來離開了原本的公司，成立自己的事業，現在他正在努力把手上擁有的鄉村莊園變成休閒觀光中心。不久前他告訴我，他「這輩子已不需要為錢發愁了」。

著名作者戴爾・卡內基⑨曾提過知名魔術師霍華・索思頓⑩的故事。據說索思頓在登台表演前一定會對自己說「我愛觀眾」，以及「我要讓大家欣賞我的看家本領」。結果他靠魔術賺了兩百萬美金！

另外還有一位男士，雖然年近八十，但看起來頂多只有六十出頭。他說：「我跟潛意識說話的方式就好像對人下命令一樣。而且我從不害怕，也不懷疑潛意識會不會聽我的命令。要是我肚子不舒服，我會叫潛意識做好該做的事、放輕鬆，若遇到其他病痛，我的處理方式也一樣。假如我要在早上五點起床，但不想靠鬧鐘叫我，我會強勢要求潛意識必須準時叫我起床。到目前為止，這個方法還沒失敗過。」

「長久以來我一直相信，我們的年齡其實受到潛意識控制。我的意思是說，數百年來，潛意識被意識引導，相信六十歲的人就必須長得老態龍鍾的樣子。對於已經接受這個想法的人來說，事實就是事實，因為他們的潛意識早就相信是這樣。但我呢，我拒絕接受，你看，現在的我跟我五十五歲的時候一樣硬朗！我還打算多活好幾年呢！」

這個故事顯示，我們不需要單純因為年齡增長就灌輸自己年老體衰的念頭。這個故事也告訴我們，只要讓潛意識持續不受「年老體衰」的成見干擾，你說不定能延年益壽，活得比注定的歲數更長久。

行動＋信念

「重複」這件事，可以說是進步的基本節奏，也是宇宙的律動節奏。蒸汽火車頭「恰恰恰」地拖著火車車廂橫越大陸，汽車、飛機、火箭砲、自動導航飛彈也是在重複動作中前行。內燃機爆炸，製造推進力；水流持續沖刷渦輪葉片，產生電力。榔頭「咚咚咚」把釘子一吋一吋敲進正確位置，機關槍致命的「咚咚咚」則掃除前方所有物體。只要堅持下去，只要有決心，就足以瓦解所有阻力，掃除一切障礙。重複的自我暗示或外源暗示會使你和其他人開始「信念」。你必須不斷有意識地重複想著目標，才能將想法深植在你與其他人的潛意識中。

不論是運用於建設或破壞的目的之上，任何人都能驗證暗示法確實有效。哈佛大學教授暨心理學家雨果．穆斯特柏格⑪就曾提過重複暗示的重要性。他表示：「我們必須瞭解重複暗示與人的心態和心理結構之間有什麼關係，才能清楚瞭解重複暗示的重要。」

二次大戰前，巴黎有家著名的私人機構致力於以唱片來傳授暗示法。在那裡上課的學員可以選擇自己想聽的歌曲，讓該機構的教學人員重複播放；這些唱片的歌曲一再送出正面的暗示，暗示學員自己是心情愉快、有能力克服一切困難、會得到各種方式的協助。

全天下的媽媽都知道要在寶寶或幼兒睡覺時，對他們重複某些暗示——比如說平安長大、身強體壯、成為好孩子。由於孩子們已經睡著，所以這些暗示顯然是直接傳遞給潛意識聽的。

迦太基帝國的滅亡也可說明重複暗示的力量有多大。迦太基是古代的海上強權國家，但偉大的羅馬政治家加圖⑫卻堅信羅馬和迦太基不可並存；加圖每次在元老院發言都會以同一句話總結：「迦太基必亡！」他不斷重複這句話，直到所有羅馬人連做夢都會夢到「迦太基必亡」。最後迦太基真的滅亡了。

許多人因為吸收太多負面意見，比如客戶找理由不想下單、不採購商品等等，然後又縱容這些負面想法影響自己，導致心情沮喪，甚至挫折不已。業務員尤其有這個毛病。如果負面想法重複出現的時間太長，即使最堅強的心靈也可能被負面思維打敗。除非先做好防禦工事，將負面想法拒於門外，不斷正面思考，發送正面思維來抵抗負面想法，否則遲早會被擊倒。有些人用過人的努力和決然的意志力來對抗負面思維，結果卻累個半死，因為他們不明白，都是因為心靈運作受到暗示影響與支配，才引起這所有的麻煩。

無論你自己有沒有察覺，我們都深受暗示力量所影響，甚至被暗示催眠了。我們選擇因循怠惰、苟且度日，因為十幾年來都是這麼過的。我們穿固定樣式的服裝，保持固定習慣，因為我們受到來自四面八方、永不停止的暗示誤導，相信生活本該如此。房子、教堂、辦公大廈、汽車、巴士、輕軌電車，多年來皆遵循相同模式運作，如果有人跳脫常軌、特立獨行，鐵定會被視為怪胎。我要說的是，如果細心觀察，你會發現我們周遭所有的人類活動都有集體催眠的痕跡。

根據我的觀察，有意識或無意間運用「信念的力量」的人，大多精力旺盛，活力充沛。有些人不只運用想像力、懷有堅定信念，他們同時也是身體力行、積極實踐的行動家。所以，最重要的一句話就是：「沒有行動，空有信念也是一事無成。」

不用懷疑，世上的確有人不用走出辦公室、不需接觸任何人，單憑集中意念所產生的力量，便可成就大事。但整體而言，這個物質世界基本上還是由積極行動的人所掌控，他們精力充沛，總能激勵他人、鼓舞他人。第二章提到的電學家尼可拉．特斯拉大概是他那個年代最清楚振波原理的人。他宣稱，光靠一台口袋大小的機器就能讓紐約帝國大廈崩塌瓦解。（事實上，特斯拉在一八九〇年代首次用一台類似的機器做實驗，結果的確引發大樓晃動、窗玻璃破碎、傢俱移位。）那台機器源自特斯拉的心靈，是他憑意念創造出來的。這是人類結合「信念與行動」的例證。

有些玄學者或密教大師宣稱，人只要坐在辦公桌前，觀想桌上會出現大量訂單，訂單很快就會出現在桌上。然而若想達到這個境界，心靈或思維投射的圖像必須非常清晰穩定，同時還需要反覆練習、全神貫注才能辦到。比這更奇怪的事還有很多，不過，對於心智力量還未開發的人而言，能夠身體力行、堅守想法並接受潛意識引導，這樣已經很棒了。

多年前，我從讀到的文章中發現，美國總統小羅斯福經常倚重潛意識的力量，我確定他一定也深諳重複暗示的技法。他從不「回頭看」，永遠「向前看」；對他來說，那本叫做「昨日」的書已然闔上，不用再打開了。一九四五年四月十七日，這位已故總統的密友暨美聯社專任記者柯克．辛普森⑬提到一場為羅斯福總統舉辦的宴會。當時羅斯福總統已因小兒痲痹而癱瘓，辛普森說，羅斯福總統決定，無論如何一定要再站起來走路，而且不用拐杖。總統的密友們也合送一根手杖給羅斯福，表示他們也期盼他能再站起來走路。拿到手杖以後，羅斯福總統把手杖抵在肩上，坐了一整夜。辛普森說，總統經常伸手摸摸手杖，「我們都知道，他當時一定在對自己說：『你會站起來的，羅斯福，你一定會再站起來走路的！』」

羅斯福深信信念的力量，這可以從一九四六年三月四日《時代雜誌》上的一篇文章看出來。文中提到，羅斯福總統曾在一九二四年寫信給一位醫師，向他請教治療小兒痲痹症的相關建議。羅斯福總統認為，溫和的運動、按摩、日光浴都很重要，但是他相信沒有任何療法比「相信自己總有一天會痊癒」更重要。這是信念的力量發揮效用的最佳例證，同時也能證明我先前所言，重複暗示法在建立信念的過程中所扮演的角色。

---

①吉米．葛里波（Jimmy Grippo, 1902–1982）原本是魔術師，擅長催眠術，後來開始擔任拳擊手經紀人，運用催眠術來鼓舞選手。

②喬治．泰羅（George N. M. Tyrrell, 1879–1952）是數理學家，也是超自然心理學家。

③謝勒．馬修斯（Shailer Mathews, 1863–1941）是自由主義神學家，曾任教於美國芝加哥大學，擔任神學院院長。

④《美國週刊》（The American Weekly, 1896–1966）原本是報紙的週日特別增刊，後來獨立成一份雜誌。

⑤《今週刊》（This Week, 1935–1969）是夾在報紙中的增刊雜誌，與美國許多全國性報紙都有合作。

⑥《論香菸》（Concerning Tabacco）是美國文豪馬克．吐溫的幽默短文。

⑦夏爾斯．傅立葉（Charles Fourier, 1772–1837）是法國哲學家，許多思想理論對現代社會影響深遠。

⑧法蘭克．伍爾沃茲（Frank Winfield Woolworth, 1852–1919）是美國當時最大連鎖零售商企業伍爾沃茲公司的創辦人。

⑨戴爾．卡內基（Dale Carnegie, 1888–1955）是美國知名演講者，教導聽眾自我成長及業務銷售的秘訣，著有多本暢銷書。

⑩霍華．索思頓（Howard Thurston, 1869–1936）是美國最偉大的魔術師之一。

⑪雨果．穆斯特柏格（Hugo Müensterberg, 1863–1916）是德國出身的美國心理學家。

⑫加圖（Marcus Porcius Cato, 234BC–149BC）是羅馬政治家，因他的曾孫也是知名羅馬政治家，因此通稱他為「老加圖」。

⑬柯克．辛普森（Kirke L. Simpson, 1881–1972）是美國記者，曾於一九二二年獲得普立茲獎。

第六章

用鏡子技法釋放潛意識的能量

絕大多數人遇到最棘手的問題就是缺錢。雖然我聽過有人僅利用心智力量就找到大筆財富，但我依然認為，除了善用心智力量以外，必須再加上積極行動，財源才會滾滾而來。思維絕對能引來財富。當財富出現在遙遠的地平線外，思維將引導你尋得途徑與方法，取得這筆財富。以前在銀行工作的時候，我結識不少財力雄厚的人，我發現他們每一個人都有「金錢意識」。他們渴望財富、相信自己總有一天能擁有財富，這跟我稍早提到的個人經驗頗為類似。

打從心底深深相信

不論你渴望什麼，實現的方法只有一種：將渴望的事物在心裡描繪出來，然後持續告訴自己一定能得到。但是，假如你只是觀望而沒有作為，渴望是不會成真的。

力行致富的法則

付諸行動，心懷目標，然後開始存錢。每個禮拜省下的每一分錢都能讓你朝未來的財富跨近一步。請務必抱持這種想法，盡可能多存一點。存得越多，財富就離你越近。接下來，你可以把這筆存款放著生利息，也可以拿去投資——但是絕不能賭，也不可以炒短線股票，你必須選擇能確保獲利的投資標的，比如房地產或你的個人事業。當你的投資受到金錢意識引導，獲利逐漸成長，你會驚喜地發現，擁有的財富越多，就能累積越多的財富。

其次，你會發現賺錢這件事其實刺激又好玩，各種能帶來財富的投資機會將會從許多意想不到或從未聽聞的地方冒出來。雖然許多人喜歡追求將人引入歧路的「癡心妄想」，不過你可千萬別重蹈覆轍，在投資每一分錢之前，請務必尋求正確、健全的建議。

我想起一位女士和她女兒用二十五年的時間，存下五十多萬美金，現在她們把這些錢大多拿去買下公寓住宅和百貨大樓了。這位女士的丈夫在一次大戰結束不久後亡故，留給她一幢房屋，當時她茫然失措，不知該如何養活自己和高中剛畢業的女兒。

她沒有工作經驗，也沒有自己的事業，只會烹飪和打理家務。有天早上她靈機一動，想到可以出租房間並提供膳宿。這是她開始賺錢的起點，而且很快有了成果，兩年內她就把房子和生意轉手，賺進一大筆錢。

接著她在一家知名男士俱樂部正對面買下一幢更大的房子，她深信自己的好廚藝一定可以吸引許多俱樂部的客人上門。她果然成功了，餐廳生意好得不得了，她雖然雇了不少幫手，但每逢用餐時間，即使再小、再卑微的店務，她也一定會親自動手幫忙。

她有位房客是年邁的退休商人。有一天，這位老先生建議她不妨開設一家供餐的茶館，並說他願意提供裝潢資金。於是他們在商業區的辦公大樓頂層找到據點，茶館便開張了。用餐時間她幫忙招呼客人，女兒則充當櫃檯收銀，其餘時間她進廚房幫忙並指導員工。就這樣，她的茶館迅速變成商務人士最喜歡的用餐去處，後來她把自己的餐廳抵押，取得資金買下一間海濱飯店，同時把茶館賣掉，又大大賺了一筆。同一期間，她持續投資有價證券，短時間內就累積了兩萬五千美元的金雞蛋。她把這筆錢當作頭期款，買下一棟舊公寓，重新裝潢得美侖美奐，把公寓出租，經營得有聲有色，非常搶手。她的成功引起一家保險公司注意，該公司提出薪水外加固定比例抽成的優渥條件，聘請她管理該公司擁有的幾處公寓。

就這樣，她的資金越積越多，最後甚至有能力買下那些原來屬於保險公司的公寓。我最近聽到的消息是，這位極有金錢意識的女士不僅在市區擁有好幾棟住宅大樓，還買下鄰近海灘度假區的一幢公寓；那棟公寓原本只在夏季營業，現在一年四季都開張。

根據我的長期觀察，任何人只要腦中有成功的點子，都能籌到資金開創事業。不過，在說服他人投資之前，你必須打從心裡深深「相信」自己的點子會賺錢。假如你考慮自己創業，不妨好好想想這個概念，善用信念的力量，你一定會找到有錢又願意幫助你的人。

全神投入致富法則

巨額的財富不是一天累積出來的，而是你原本就能夠擁有、再加上你賺來、存下來、一分一毫累積出來的成果。想擁有財富，你必須投入全副心力與精力；只要善用信念的力量，財富總有一天是你的。

我再舉一個利用信念力量、不到十年便迅速成功的案例。有間開在街角的藥局破產了，店裡的設備屬於房東，存貨是批發商的。一名年輕藥師聽說地點不錯，想接手經營卻苦無資金。後來，他把房東和藥品批發商請來一起談，把自己「推銷出去」。

房東不希望房子空著賺不到租金，所以他同意寬限年輕人幾個月；而批發商在取得必要的保證之後，也同意先把貨放在店裡繼續賣，於是藥局重新開張。年輕藥師的太太幫忙站櫃台，處理物流，生意就慢慢做起來了。

這位年輕藥師對某個藥方一直頗感興趣，他認為這個藥方應該能幫助許多人，但自己又沒有資金實現理想。有一天，他決定找財力雄厚的房東談談。由於他深信自己的計畫一定會成功，所以很輕鬆便說服了房東；房東協助他成立一家公司，還借他五千塊美金投入研發。一連幾個月，年輕藥師每晚關門後便回到租屋處地下室調製藥方裝瓶。購買藥方的人越來越多，他的生意越做越大，後來更擴及全國。不出幾年，房東不僅賺回當初出借的五千美金，還領到五萬美金的紅利；至於那個年輕人，他的年收入早已超過十萬美金，最後買下了他最初創業的那棟大樓。

另一個令我印象深刻的例子則發生在經濟大蕭條時期，而且是故事的主人翁親口告訴我的。他做文書做了大半輩子，結果有天發現自己竟然必須靠失業救濟中心介紹的零工過活。他的妻子因為迫切想解決家裡經濟問題，更想得到人生的幫助，於是開始信教。這個宗教堅信「十一奉獻」，也就是說，每位教徒必須拿出收入的十分之一，奉獻給教會。

附帶一提，堅信「十一奉獻」有效的人，多到不可勝數。事實上，許多大企業家不僅將自己的成功歸因於力行十一奉獻，還鼓勵員工和其他人一起加入奉獻。另有一位販售烘焙設備的人，他也認為自己事業有成的原因，全是他力行十一奉獻的結果。先不論把收入的十分之一貢獻給教會、宗教組織或慈善團體跟個人成功有什麼關係，但力行十一奉獻的人堅信此法是確實有效的；既然如此，其他人又有何立場質疑十一奉獻的效果呢？

回到那位靠救濟中心過活的男子，他在妻子的強力說服下也去了教會。結果他「靈光乍現」，才剛回到家，「某種力量」促使他開始尋找父親留下的一紙老配方，這個配方調製出來的化妝水或柔膚水可在理髮店和美容院販售。找到配方後，他去舊貨店和廢物堆蒐集空瓶子，帶回家清洗乾淨，用來裝盛第一批柔膚水。

這位先生一家一家親自拜訪理髮店和美容院。由於他的說詞實在太具說服力了，不久之後他甚至辭了救濟中心的臨時工作，開設一間工廠專門生產柔膚水。他深信，這些財富和賺錢點子之所以出現，都是因為他有力行十一奉獻。後來他的產品聞名全國，他本人早已不再負責銷售。他把產品交給批發商，還擁有自己的銷售團隊。這是信念發揮力量的另一則實例。

永遠只往好處看

物質世界的一切事物，最早都是來自人心裡的一個念頭、一個想法。商人販售的其實是想法。如果賣的是機器，其實是在賣這台機器能發揮什麼功能；賣的若是建材，其實是賣建材能如何利用；賣食材，賣的是它有多營養、多美味……諸如此類。商業活動與財富全是想法的延伸，是人類將想像力付諸行動的成果。

多年來，我看著美國知名泳裝製造商「簡真泳裝公司」①一路成長，看著它從一個單純的想法，一路發展成跨國企業。這家公司背後的成功歷程，足以媲美作家筆下那些白手起家的故事。我和該公司總裁暨董事長岑特鮑爾多次討論過信念的力量這件事，在徵得他同意後，我在下面引用他信裡的一段話。

如您所言，有些人似乎掌握某種莫名的力量，這種力量激勵他們，獲得成功、快樂的人生；其他人並非不努力，但他們的性格中似乎缺少這種能帶來滿足與成就的動力。

雖然我從來沒有積極培養過這個不知名的精神力量，但我相信，我的父母，尤其是我母親，從我小時候就開始啟發我了。每當我說「這個我不行、那個我做不到」的時候，她一定會立刻駁斥這種想法，告訴我千萬別說「不行、做不到」，反而要說

「別人做得到，我當然也能做到」。

我們從小就接受挑戰，持續嘗試，直到嫻熟精通為止，然後我們才有能力承受更大的挑戰，不論大事小事都不退縮或推辭。母親也總是教導我們，要我們不可怨天尤人。每當我開始自怨自艾，喃喃抱怨，她就會說：「別再嘟嘟囔囔了，想想你能活在這個世界是多大的福氣。與其抱怨，倒不如好好打起精神，保持微笑，享受現在擁有的恩賜吧。」

我家有四個孩子，三男一女。我們一直過得非常快樂，而我認為這都要歸功於父母的教育，特別是歸功於我母親不斷耳提面命，還有我父親對我母親的支持。父親常說：「要往好處想，別往壞處看。」

有些人可能不像我那麼幸運，不像我有這麼好的家庭影響力，可以想見是需要極大的自律與自我努力才能養成這種積極的價值觀。若想人生有所成就，必須建立這種價值觀。不論每個人眼前的處境為何，我敢肯定，善用「信念」的力量絕對好處多多。

現在的世界競爭異常激烈，準備充分的人一定比準備不周的人更具優勢，可以取得先機。我之所以這麼說，是因為我不想給讀者錯誤的觀念，以為就算沒有學歷或經驗也能在退伍或離開工廠後，單憑信念立刻掌管大公司。如此特例不是沒有，但這樣的人少之又少，相當罕見。

準備好的人才有機會

凡事都得按部就班、照優先順序來。如果自認自己能夠勝任更好的工作，也自認已經做好準備的話，然後再配合運用信念的力量，必能取得想要的工作、甚至更好的工作。

有家知名企業主管曾告訴我：「在我看來，一般人找工作遇到的最大困難，大多是求職者太自我中心，不懂得要努力讓未來雇主留下深刻印象，比如能為雇主做些什麼。求職者都忽略了一點。其實別人只對一件事感興趣，就是你能有什麼貢獻。」

讀者可能覺得，這種態度或許有點冷血；然而在充滿競爭的世界裡，「利己主義」是所有應徵者必須面對的現實課題。

有句老話說：「假如你不照自己的想法做事，那麼你只得照著其他人的想法去做。」這話是真的，同時也點出領導者與追隨者之間的差異。凡是不動腦筋、不運用創造力的人，終其一生只能聽命於肯動腦、有創造力的人。除非你願意思考，否則你只能出賣勞力；這也代表你只能換取較少的工作報酬。

因此，你必須先觀想你到底想要什麼工作，可以利用我之前提過的卡片法，不斷給自己正向肯定，直到這份信念成為身體不可或缺的一部分，直到感覺這股信念滲入全身的血液、骨頭組織為止。如果能確實看見自己正在從事心裡所期盼的事情，這些畫面最後一定會成真；因為你堅定懷抱這個念頭，經常想著它，所以它遲早會實現。

各位偶爾會去度假吧？你是否曾仔細想過其中的心理歷程？首先你內心產生一個想去旅行的念頭，接著決定目的地，然後你心裡開始期盼，也就是開始觀想自己在山上、在海邊，或者在一個陌生的城市裡。結果這段假期真的如你所觀想的進行，因為早在假期實現前，你就在心裡「見過」自己度假的景況了。這個例子夠清楚了吧？往後不論你想做什麼，記得使用這個法則，你一定會得到同樣圓滿的結果。

活用鏡子技法

各位一定還記得我之前詳細解釋過的卡片法。現在再介紹另一套方法，我稱之為「鏡子技法」。在說明之前，我想先跟各位分享，我是如何在無意中發現這方法有多神奇，並且說明為什麼這套鏡子技法可以帶來更快、更有效的成果。

鏡子技法第一招：變身

多年前有位富豪邀請我參加晚宴。這位富豪擁有伐木、鋸木機等多項專利。那晚他邀請了幾位報社發行人、銀行家、企業鉅子來到豪華大飯店的私人套房，目的是向賓客解釋他新發明的一套銑刀技術。

席間杯觥交錯，眾人把酒言歡，不一會兒，東道主已經醉醺醺了。晚餐即將上桌前，我看見他踉蹌走進臥房，卻突然在衣櫃前停下來；我心想他或許需要人幫忙，所以跟著他到了房門口，只見他站在門口，用雙手牢牢抓住衣櫃，兩眼緊盯穿衣鏡，像酒醉的人一樣不斷喃喃自語。我在一旁漸漸聽清楚他在說什麼，於是就退一步靜觀其變。我聽見他說：「約翰，你這老傢伙，他們想灌醉你，但你可以不管他們。你很清醒，非常清醒，清醒得不得了。這是你的場子，你一定要保持清醒不可。」

他不斷重複這句話，兩眼盯著鏡中的自己看，接下來我目睹他的「變身」過程：他的背越挺越直，臉部肌肉逐漸繃緊，醉態完全消失了。整個變身過程歷時約莫五分鐘，然而根據我身為新聞記者的經驗（尤其是我主跑社會線，常有機會觀察喝醉的人），我沒見過有誰這麼快就酒醒的。我不想讓富豪發現我在觀察他，就趕快假裝往洗手間走去。

回到餐室，主人已在桌首就位了，他的臉仍微微泛紅，但整個人看來十分清醒。

晚宴接近尾聲時，他拿出新設計圖，做了一番十足精彩又充滿說服力的講解。一直要到很多年以後，我對潛意識的力量稍微有了更進一步的瞭解，我才明白潛意識如何幫助他「變身」，讓一個明顯充滿醉意的人，搖身成為意識清楚的人。

多年來，我把這套鏡子技法傳授給無數人，有些人因此得到非凡的效果。這幾年間，不少人帶著難題來找我，希望我提供協助，其中許多是女性，幾乎每個人都說得聲淚俱下。我首先會請她們站在全身鏡前，仔細看一看鏡中的自己；我請她們直視鏡中的雙眼，要她們告訴我看見了什麼？一個愛哭、軟弱的人，還是一位鬥士？她們馬上就停止流眼淚。這讓我相信，女性看著鏡中的自己就哭不出來了，至於她們為什麼不哭了，是因為自尊、羞恥或拒絕承認自己懦弱？其實並不重要，重點是她們不哭了。

鏡子技法第二招：散發能量

多年來，許多演說家、佈道家、演員及政治家都用過鏡子技法。英國首相邱吉爾每次在發表重要演說前，一定會在鏡子前面練習一遍。二十世紀早期的美國總統威爾遜也用過鏡子技法。

我喜歡把這種技法稱為超級能量補充法，因為它可增強演講者潛意識的力量，使他面對聽眾時，能把這股力量釋放出來，影響聽眾。當站在鏡子前面演練的時候，你同時也在創造一幅畫面，裡面有你的話語、你的聲音、你望著聽眾的視線等畫面，而這個畫面在正式演講時就會成真。你可以透過照鏡子增加心靈振波的強度，將你話中的意義和力量，透過振波迅速穿透到聽眾的潛意識。

佈道家比利・桑岱之所以擁有強大的個人魅力與力量，或可從鏡子技法一窺端倪。他年輕時我就認識他了，常聽他佈道；當時我還不瞭解心智的力量，所以實在無法明瞭，他和吉普賽・史密斯等其他偉大佈道家為什麼能對信眾造成如此驚人的影響？

但現在，我們有證據證明佈道家比利・桑岱精通鏡子技法了。哥倫比亞廣播公司主播艾瑞克・塞佛萊②在一九四六年出版的《有夢並不狂妄》一書中便提出證據。塞佛萊年輕時曾任報社記者，訪問過比利・桑岱。

「他在飯店房間裡踱來踱去，一會兒把腳翹上窗框、凝視窗外，一會兒用雙手抓緊化妝台邊緣，對著鏡中的倒影演講。」

有位堪稱美國最傑出的保險業務員，在出發拜訪重要客戶前，一定會對著鏡子演練銷售簡報。他的業績只能說非常驚人。

凡是做業務的一定都聽過這句話：想說服別人，先說服自己。這話實在是再真切不過了。從宗教領域到軍事行動，史上所有偉大的群眾運動都是由一個人發起的：這人有滿腔熱血，相信自己的目的，而這個信念讓他激發出力量去影響其他的人。就算不懂心理學，你也一定知道「狂熱」的強烈傳染力；滿腔熱血的人很容易就能將自己的熱忱傳遞出去。鏡子技法簡單又有效，從事業務的人可利用這個方法強化對自己銷售能力的信心，繼而增強這份熱情的力量。

鏡子技法第三招：完成銷售

再從本書所強調的信念角度來思考鏡子技法，各位會發現鏡子技法真的非常重要。你可以透過鏡子技法利用潛意識的強大力量，影響和你往來接觸的人。

不論你自己是否知道，其實我們都在從事「兜售」的行為，可能是賣商品，要不就是我們的個性、服務或構想。事實上，人與人之間的關係完全建構在銷售行為上，「嘗試說服別人接受我們的想法」就是一種銷售行為。簽定合約或協定的基本前提是雙方「心意相通」；除非你能讓對方照你的方式思考，否則很難有進展。但是，一旦雙方在主要項目達成共識，剩下就簡單了，簽名蓋章只是時間問題。

經濟大蕭條期間，我曾和許多企業、業務團體合作，幫助他們提升業績。我介紹他們使用鏡子技法，不少單位成效頗為驚人。其中之一是一家做派餅的公司。我要求在這家公司每輛貨車的後車門內側都裝上鏡子，如此一來，當每一位司機（業務員）在卸貨時，一定會先看到鏡子。我提醒他們，拜訪客戶前必須先在心裡決定要賣出多少派餅，接著對著鏡子告訴自己：「這些數量的派餅一定會成功留在客戶櫃台上。」某位司機告訴我，他一直想把派餅賣給某家餐廳的女老闆，無奈試了好幾個月仍無功而返，後來他決定試試鏡子技法。初次嘗試那天，他就賣了十份派餅給她；和我分享這段故事時，他平均每天賣給她十五份派餅。

舉凡保險公司、金融機構、塑膠工廠、汽車經銷商、糕餅廠以及所有有業務員與作業員的公司，都用過這套鏡子技法，而且都成績斐然。我曾在任職的投資公司推行過一場改頭換面、脫胎換骨的大作戰，來解決營運困難，當時我首先用的就是鏡子技法。我在公司衣帽間放了一面鏡子，這面鏡子位置十分顯眼，所以進出衣帽間的每一個人都會看見它。起初我在鏡子上貼紙條，寫一些如「成功必勝」、「努力不懈就沒有辦不到的事」、「證明你的膽識」、「向世界證明我們沒有被打敗，大夥兒卯足全力向前衝」、「今天你要拿到多少訂單？」等等標語。後來我乾脆用肥皂直接寫在鏡子上。每天早上，鏡子上都會出現一句新的標語，目的只有一個，那就是說服員工：

即使同業都在蕭條中掙扎求生、只求不要關門大吉，但我們一定有生意可做。

接著我又在大門旁邊擺了一面鏡子，因為業務離開辦公室前最後看見的就是公司大門。接下來，我在所有業務員及主管桌上的行事曆旁都擺了鏡子。驚人的是，在經濟大蕭條最糟糕的那段時間內，業務部每一個人的薪水都增加了三、四倍以上，而且還持續成長。其中有幾個人以前每月頂多賺三百塊美金，後來一連好幾個月都平均每個月有一千元。有些讀者可能會覺得不可思議，但我句句屬實。我的檔案夾裡有許多各行各業主管、業務員的來信，每個人都能證明鏡子技法確實有效。

鏡子技法操練術

接下來我概略描述如何運作這套鏡子技法。首先，請站在鏡子前面；不一定要是全身鏡，不過鏡面要夠大，至少要能看見腰部以上才行。

站直！

立正站好。當過兵的人一定都知道「立正」這個姿勢——背挺直，腳跟併攏，收小腹，抬頭挺胸。現在深呼吸三至四次，直到你能感覺力量、毅力和決心為止。接下來，凝視自己的雙眼，告訴自己：我一定會得到想要的東西，並且要大聲說出來，好讓你能看見嘴唇的動作、聽見自己發出的聲音。把這些動作變成每天例行公事，至少早晚各演練一遍，最後的結果鐵定令你大吃一驚。你還可以用肥皂在鏡子上寫幾句打氣的話，或寫幾個和願望有關的關鍵字，任何你想過、期望的願望都行。不出幾天，你一定能養成信心，這股信心之強烈，你會驚訝自己竟然擁有這麼強的信心！

手勢

假如你要拜訪一位很難搞定的客戶，或去見你一直很害怕的某位上司，請善用鏡子技法反覆練習，直到你自認能談吐自若、心無恐懼為止。同樣的，如果你即將發表演講，無論如何也要對著鏡子演練一次。記得要運用手勢，例如用拳頭捶擊另一手掌心，強調你的論點；總之，自然運用你的肢體語言就行了。

站在鏡子前面，你要不斷告訴自己，你一定會表現得非常成功，而且世上沒有任何事能阻止你成功。聽起來很可笑嗎？別忘了，傳送到潛意識的每一絲念頭、想法都會在物質世界產生出對應的事物；潛意識越快接收到想法、理解越快，願望就能越快透過潛意識的力量成真。不過，建議各位最好不要對人說起你正在用哪些方法，因為有人可能會嘲笑、挖苦你，導致你信心動搖，尤其是才剛開始學這個技巧的人，千萬別跟他人說。

如果你是主管或業務經理，而你想讓同仁做事更有衝勁，請你教他們鏡子技法，督促他們運用。現在有許多公司行號都這麼做了。

眼神

不少人撰文討論過眼神的力量。人說「眼睛是靈魂之窗」，眼睛能揭露你的思緒，透露你的想法，眼神的表達能力超乎你想像。俗話說，別人可以從眼睛摸清你的底細。不過，一旦開始使用鏡子技法，你就會發現雙眼能流露出力量，某種你從未發現的力量，有人稱之為「活力」或「魅力」。這股力量能讓眼神具有穿透力，讓他人以為你正看著他們的靈魂深處；要不了多久，你的眼神就會發出能量，那就是思維的能量，讓別人認同你的想法。

這又令我想起愛默生曾寫道：「每個人的眼睛清楚顯露出自己的身分。」切記，你的眼睛會清楚透露出你的身分，請務必培養自信的眼神；這一點，鏡子能幫你做到。

好好演出！

鏡子技法應用的方式很多，各種方式都能達到滿意的效果。假如你是個儀態不佳或說話有氣無力的人，請你站在全身鏡前練習，結果一定令你大吃一驚。因為鏡子能呈現別人眼中看到的你，幫助你立刻調整自己，成為你希望讓別人看到的那個樣子。

有人說「演久了就像了」，因此站在鏡子前面反覆演練是最好的方法。不過這套技法的用意不是要讓你變成虛榮、自負的人，所以請不要用鏡子練習傲慢自大，而是要利用鏡子塑造自己，把自己打造成你理想中的人。如果世上其他傑出人士也曾利用鏡子技法形塑自我、加強自己對群眾的影響力，各位當然也能依各位的需求使用這套技法。

直覺：一把打開心靈的鑰匙

坊間有不少文章討論預感和直覺這類的主題。有些心理學家認為，直覺蹦出的念頭並非「天外飛來」，而是來自先前所見所聞或智識長期累積的結果。對於化學家、發明家這類人（還有其他根據知識與過去實驗結果做「嘗試錯誤法」的人）來說，這種說法的確有其真確度；但我相信，絕大多數的發現、啟發、靈感顯然是來自潛意識，而且是還未被植入相關智識之前。

跟著直覺走！

我們遵從的習俗和使用的器物，原先都只是某人心中的一個念頭，而這些念頭都是以「直覺」、「第六感」或其他方式閃現在發明者的心裡。因此明智的做法就是留心直覺，永遠相信。

許多傑出領袖、企業家、發明家都曾公開表示，遇到困難時，他們通常依循直覺採取行動，而且這些直覺都不是他們在想怎麼解決問題時出現，往往是在心情放鬆或正在做其他工作時突然冒出。若想請潛意識替你解決問題，就必須有意識地從各個角度切入，與潛意識溝通，然後在夜晚入睡之際，命令潛意識找到答案。也許你會因為想到答案而在半夜突然醒來，也許你是在早晨剛醒來、或者在白天忙於其他不相干事務時突然得到答案。答案出現時，你必須迅速記下來，並且即刻行動。

也許你會沒來由地想去拜訪某人或者打電話給某人，而此人說不定正好是某大企業的老闆，能給你莫大的幫助。然而，或許正因為他身分顯赫，使你不敢行動，你於是在直覺和恐懼間掙扎，結果多半是恐懼勝出。

下一次，當你心裡又產生恐懼或懷疑，請問問自己：「不論是打電話給他或去拜訪他，我有什麼好損失的？這麼做對我有任何害處嗎？」對於這些問題，你的恐懼和懷疑絕對無法給你答案。所以切莫遲疑，順從直覺吧。

直覺的侷限

但我仍須告誡各位一件事。很多人熱衷賭博，有的玩牌，有的賭馬、賭賽狗，更多人炒股票，他們會說自己是依「直覺」行事，不時大賺一筆。但我強烈希望各位不要浪費直覺去追求虛幻無用的事物，直覺用在這種地方鐵定出問題，因為賭徒最後幾乎都走上破產一途。

還有，請留意那些引你進入未知領域的直覺，它們極可能並非直覺，而是一時的幻想慾望。真正的直覺只會要你去做與你直接或間接有關連的事；真正的直覺會讓你興起想做某件事的念頭，然後你會產生一股想採取必要行動的衝動。

我相信讀者應該不會把本書當作是如何一夕致富與成名的成功祕笈。本書只是一把鑰匙，一把打開心門的鑰匙，領你通往理想目標的康莊大道。當然，貿然投入超出個人能力或發展的事業，這是不智之舉。舉例來說，若想成為大企業老闆，各位自然必須先瞭解商業這個領域；想成為運輸業公司的老闆，也是得依循同樣的做法。運用信念的力量，固然能學會許多成功的技法，然而，在進行任何計畫之前，你必須先有一套行動方針才行。比方說，你總不會直接走進藥局，對藥師說「給我藥」吧？你會具體描述要買什麼藥，或者明確告知藥名。實踐信念的力量也一樣。你必須計畫每個步驟、每個行動，你得知道自己要什麼、明確描述出來才行。

如果各位已經下定決心，清楚自己想要什麼並訂定目標，那麼你實在非常幸運——因為你已經踏出邁向成功的第一步了。只要牢牢記住達成目標的心靈圖像，採取行動完成這幅畫面，那麼沒有任何事能阻止你成功。因為你的潛意識永遠不會違背清楚明確、全然堅定的命令。

---

①簡真（JANTZEN）泳裝公司創立於一九一〇年，創辦人是約翰．岑鮑爾（John A. Zehntbauer）與卡爾．詹森（Carl Jantzen），一直到現在都是美國暢銷品牌。

②艾瑞克．塞佛萊（Arnold Eric Sevareid, 1912–1992）是哥倫比亞電視台的新聞記者，著有自傳《有夢並不狂妄》（Not So Wild a Dream）。

第七章
投射法

唯有努力不懈，方能成功。想成功就必須勤勉努力、持之以恆，否則成功就會像長了翅膀飛走。就算成功了，你也沒有時間停下來讚賞自己的成就或沾沾自喜，因為別人也正在一旁虎視眈眈，覬覦你的位子。最令他們快慰的事情，就是把你推下寶座；當他們發現你沒坐穩、或者無所作為亦無意鞏固自己的寶座，他們把你推下的意圖就會變得更強烈。

儘管美國在各方面進步驚人，但仍有許多資源尚待開發。人類為了戰爭而發明原子彈、雷達、火箭砲、船艦、兩棲艦艇，大膽使用塑膠與金屬，開啟浩瀚的未知領域，但未來還有更多、更偉大的事物，有待富有想像力和實踐精神的人去完成。我始終相信「好戲還在後頭」，跟五十年後的世界比起來，我們此刻簡直就像石器時代。

此外，科學家也已經在實驗室著手研究一般人眼中的「新奇」構想，包括利用木材纖維製作質輕可穿的紡織原料、各式防火防水產品、讓船不會下沉的材料、吸收太陽能的機器，甚至是記錄思緒的設備；這些只是剛冒出來的一小部分，而它們全出自人類的想像力或潛意識。也許在未來五十年內，「心電感應」或「傳心術」會跟收音機一樣普遍。這種事誰說得準？

人類自古以來始終認為，「心裡能夠構思出來的，就能使其成真」；而今天我們享受、使用的萬事萬物，在在證明了這個說法。如果人類能徹底領悟心智的強大力量，並積極運用這份力量，屆時我們不僅能支配地球萬物，也許還能將影響力擴及鄰近星球。或許你心中早有火花，但仍須不斷搧風直到燃起熾熱的火焰，而且還要不斷添加燃料，加強火勢。源源不絕的構想再加上行動，這就是你的燃料。

你有能力

我認識一位年逾古稀的朋友，他頗有聲望，成就非凡。他相信許多人之所以半途而廢，是因為他們從不曾主動展開行動。「我訂了一項計畫，而且已經進行好多年了，那就是我每個禮拜都要嘗試一件新鮮事，也就是我沒做過的事。也許只是做個能放在廚房裡使用的小玩意兒，或者擬定全新的銷售計畫，或者看一本對我而言很陌生的書。我發現，實行這套計畫之後，我的身心不但更有活力，而且還經常用到想像力。要知道，想像力經久不用的話，可是會退化、甚至萎縮呢！對我來說，年屆六十就退休可是大錯特錯。人一旦退休、不再活用身體和腦袋，那根本就是往墳墓裡走，而且很快就抵達了！那些為人類服務的馬，你們都見過牠們退休以後的下場吧？你也知道車子擺著不用、風吹雨打的結果，就是車子會生鏽，然後很快就去廢車場報到了。人是也一樣。人一旦閒下來，很快就會變得遲鈍、衰弱，最後就翹辮子了。」

你最有進取心

我提到上述這個「每週一個新計畫」的故事，是想要說明「進取心」的概念。我想讓各位瞭解，進取心對任何企求成功的人來說，是一份多麼重要的資產。少了進取心，一般人大多才剛開始就停滯不前了。有些人一輩子只能做不重要的文書工作，那是因為他們在工作上不曾展現積極進取的態度，不曾嘗試用新方法處理手上的業務，也從不提出建言。

第二次世界大戰期間，許多公司都在工廠設置意見箱，凡是提出實用建議的人都可得到獎金。這些建議經常使工廠的營運方式大幅改善，而提出建言的人則獲得晉升，以茲獎勵。有好幾個真實案例顯示，員工的建議常使得專利機器設備因此被發明出來，而這些提出構想的員工也因此名利雙收。切記，任何作業方式不管沿用得多久，一定還有可以改進的地方。所以各位一定要保持進取心，就算你只是小店的櫃台人員，你的腦子裡也一定有一些改進商品陳列方式、提供顧客更好服務的好點子。凡是與燈光、配色、櫃台陳設、展示架有關的建議，主管一般都願意接受，而且也樂意給予報酬或獎賞。

你對自己的工作最有興趣

興趣和專注也和進取心有非常密切的關連。你對工作越感興趣，自然就會越專心，當然就能得到更好的結果了。各位都知道，做自己感興趣的事，才會把事情做到最好；假如你對於手邊的工作一點興趣也沒有，那就找一個你真正感興趣的工作，熱衷程度越高越好。因為光是「興趣」這項因素就能給你足夠的動力，讓你長久持續下去。

以前我認識一位在百貨公司工作的女士，她在一個很大的部門擔任助理。礙於戰時規定的薪資上限，她只能領固定薪水；然而一連好幾年，她的聖誕節獎金都是全公司最高的，原因是她對自己的工作有興趣，又富進取心，而且她的建議比部門經理更受高層重視。

一間擁有數千名員工的大型國防工廠裡，有位人事經理對我說，他認為員工最大的缺點是無法讓人信賴。有些人答應了卻做不到，有些人愛遲到，另外還有人一天到晚三心二意。所以，假如你答應某人你會完成某件事，那麼就算做這件事很麻煩，你還是要設法完成，不管結果如何、不論付出多少時間和精力。只要這麼做，一定會獲得豐厚的回報，因為你建立了可靠的信譽，而信譽是升遷的重要條件。

許多員工都以為，他們之所以得到工作，只是因為他們能幫老闆賺錢。這些人不曾想過，其實每個人都是為自己工作，雇主只是提供工作的設備和空間而已。有句俗話說：「懂得發號施令之前，必須先學會服從命令。」這話一點也沒錯。日復一日任勞任怨的人何其多，但卻很少有人明白，他們本身其實有能力當主管、下指令。

思維的投射

愛默生說：「交朋友的不二法門是先做對方的朋友。」但領悟這個基本道理的人少之又少。好心有好報，如果為善不求回報，必定會給你帶來好報；你為別人服務，別人自然也會為你服務。也許有人覺得這種想法過分樂觀，但實情確是如此。

改變想法，化敵為友

樹敵之人何其多，不樹敵之人又何其少。有時你跟別人調性不合，有時別人跟你調性不合，自然就讓你不喜歡對方。你如果抱持這種想法，很可能就會認定對方同樣不喜歡你。懂得化敵為友的人十分幸運，但要做到化敵為友其實並不難。

以前有幾個人非常討厭我，原因可能是我不小心說了些不中聽的話得罪了他們，讓他們恨我入骨。後來我改變想法，認為他們都是善良好人，結果最後他們全都變成我最信賴的好朋友。

我到底是從哪兒學到「化敵為友」這個觀念的，我也早忘了，也許只是突然想到，也許是在某處讀到或別人告訴我的。不過多年來，我一直把這觀念奉為圭臬，而且總是發現這方法真的很有用。舉個實例來說，某公司主管一直不太喜歡我，因為我批評過該公司的營運方式。一連好幾個月，他只要逮到機會就狠狠修理我。當然，我的本能反應是反擊、修理回去。後來有一天，我發現他的敵意源自於我之前批評他，而不是批評他的公司，於是我告訴自己：「他人其實不壞，錯的是我。爭執是我挑起的，我很愧疚。下次再見到他，我要發自內心向他道歉。」有天晚上，我在一家俱樂部遇到他，我們都是那裡的會員。我們是幾乎碰個正著，使他無法避開我。於是我先開口：「查理，你好！」結果他立刻回應，而且態度非常友善。他從我的語氣中感受到某種善意，結果現在我們已經成為非常要好的朋友。

所以請各位務必記得一點：有些敵人可能是我們自己創造出來的。不論是敵是友，其實都只是我們自己想法的投射，而別人會把我們當敵人或朋友，完全都是出自我們自己的想像。

寫到這裡，我剛好想到一個例子。不久前我家洗衣槽的水管堵住了，於是我打電話找水電工。離我家幾條街外有家水電行，老闆態度頗不友善，對客人很兇。我好幾次打電話找他來修，但他總是太忙，沒辦法過來。

先前有次我請他來修熱水器，他要我等，等他排時間給我，大概要一、兩個禮拜後才有空來幫我修。那次我請他介紹其他水電行給我。但他完全不肯幫忙。他的不友善自然使我留下「水電行很難搞」的壞印象，害我討厭跟他們打交道。但是熱水器還是得修好呀，雖然那家水電行給我的經驗很糟糕，但我知道我的這種憤怒態度會讓我很難請到人來修理。於是我心念一轉，對自己說，「水電工都是好人，那個人只是脾氣比較壞而已，算了吧。」

我有個朋友在水電批發材料行當經理，我打電話給他，問他能不能介紹水電工給我。他給我一個名字，我立刻連絡對方；這位先生表示他正在忙，但如果很急，必須馬上修理，他願意立刻過來一趟。他的回答令我相當開心。十五分鐘後，他一到我家便立刻感受到我感激的心情。這位先生跟我以前找的水電工不一樣，動作十分迅速，不到兩個鐘頭就把熱水器修好了。我十分滿意他的服務，並且把我的感受坦白告訴他，他當然也非常開心。

回到水管堵塞的這一次，我約莫是在早上近八點的時候，打電話給那位熱心的水電工求救。我報上名字，提起他曾幫我修過熱水器，他很快便想起我是誰，並且表示他會儘快過來，大概中午左右吧。結果我才掛斷電話不到五分鐘，家門口便出現一個人，劈頭問我是不是要修水管，是他老闆派他來的。

我問他怎麼這麼快就來了，因為剛剛他老闆才告訴我，他沒辦法馬上派人過來，最快要等到中午。結果他說，「我到店裡的時候他才剛掛上電話。他叫我先來你家，然後再去跑今天排好的工作。」

能受到如此特別的待遇，令我好開心，於是我也把這種愉快的感覺告訴來修水管的這位先生，他聽了當然也很開心。他修理的時候我在一旁幫忙，結果不到半小時就搞定。我把最早那位老水電工的不愉快經驗，和他熱心的老闆這兩件事一併跟他說，他答道：「我老闆人超好。他永遠是盡心盡力幫助別人，所以生意非常好，是我遇過最好的老闆。」

只要你打從心裡相信對方是好人，他就一定是好人；千萬別忘了，我們投射出什麼樣的想法，就會得到什麼。

別否認這個偉大真理，只要去實踐就是了，結果絕對令你驚歎。當你發送出友善的思維，你會得到公車司機的禮貌回應，也會看見電梯小姐的燦爛微笑，店員會更積極回應你的需求。這套方法可以廣泛應用於生活各個層面。若你全心全意相信、加以實踐，你再也毋需擔心會樹立敵人了。

《聖經》有云：「你們願人怎麼待你，你們就要怎麼待人。」事實上，許多成功人士皆本著「我為他人，他人也必定為我」的理念行事。這聽起來可能有些工於心計，但先不論動機為何，這個基本互惠的原則不管在哪種情況下都適用。種什麼因，得什麼果，這是很簡單的邏輯。

與上司交朋友

取悅上司並非要逢迎諂媚，而是把對方當朋友，這是基本常識。在任何組織團體中，能迅速獲得升遷的人，都是把工作做好、讓老闆開心的人。掌握拔擢大權的人是老闆。你這個人以及你的工作表現越能讓老闆開心，你就升得越快。不論你的自尊心有多強，假如你想在大企業裡往上爬，你不只要把工作做好，還得讓老闆留下好印象。

看看你的身邊，你會發現這個準則不管到哪兒都適用。在學校教室可以看見它的效用；軍隊、政界的情況也一樣。假如你對動物行為稍有研究，你會發現，不管在最低等或最高等的動物社會，這個準則也都能發揮效果。

你必須積極主動，時時刻刻幫助別人，最後你會開心且訝異地發現，每件事都變得好順利，因為你會看到別人也為你做了好多令你愉悅的事。為人服務一定能獲得回報，而且回報是以其他的形式出現。

你可以拿家裡的狗來做實驗。摸摸牠、和顏悅色對待牠，牠一定會感激得拼命搖尾巴，有機會牠還會舔你的手和臉。但如果你罵牠、揍牠，牠可能會嚇得畏畏縮縮，甚至還可能咬你一口。人類的反應也很類似。不論你對待他人的動機為何，不論是一時衝動想表達善意或希望好心有好報，結果都一樣。

誠心讚美他人，這樣一定能讓你交到朋友，因為一般人大多很容易受讚美影響。讚美能滿足自尊心，提升善意。成功的政治人物在從政初期就學會如何用幫助別人、讚美別人來廣結善緣，經營人脈。今天你跟街角的報僮交朋友，明天他說不定是審理你交通違規案件的法官，屆時你就會明白「在法院有朋友」的意義了。相同的道理在各行各業都適用，只是多數人都忽視了這一點。

前不久，我去拜訪某大百貨公司的銷售經理，這時有位女職員走進他辦公室來感謝他，因為有另一家公司提供她更好的工作機會，而他建議她把握這個工作機會。她離開以後，他告訴我：「你知道嗎，常有人來問我的意見，這是我喜歡這份工作的理由。你也知道我工作有多忙，但我總會撥出時間給來找我的員工。他們來詢問我的看法，使我感到很滿足，讓我覺得他們把我當朋友，因此我自然也願意盡力幫助這些看重我的人。」

緊盯目標

從上面這個例子就可導出另一個重點：渴望獲得財富的人必須往有財富的地方去。獨自待在荒島上，你可能整天忙著求生都來不及了，哪來餘力累積財富？你在努力追求目標時，道理也是這樣。因此，假如你要的是財富，你就必須認識有錢人或和深知如何致富的人往來。這話可能不太好聽，但實情是，想要有錢，你就必須到有錢的地方和花錢的地方，而你本身也必須結識有權花錢的人物才行。

假如你是廣告業務員，你很清楚客戶公司的老闆才是最後拍板定案的人，那麼你根本不該浪費時間去跟基層職員或低階主管打交道。銷售商品（或者更重要的，推銷自己）也完全依循同樣的原則。美國作家暨哲學家艾伯特·哈伯德①曾說：「為人工作時，要以善意為出發點。」這使我想起，過去有段時間，和我共事的人大多有個缺點——對工作意興闌珊，不願踏出自己小小的工作範圍以外，更不願學習工作以外的事物。有一次我跟一位大公司主管打賭，我可以在他負責的分公司裡找到至少二十個沒聽過他名字和職銜的人。揭曉結果時，他氣得火冒三丈，因為他不只輸了賭金，也傷了自尊。由於好奇心使然，我開始調查其他經營範圍遍及全國的大企業，結果沒有任何小職員能告訴我公司老闆的名字或總公司地址。

跟著老闆才能當老闆

以上這種情況，許多讀者可能難以置信，甚至覺得相當不可思議。但如果你有朋友是大機構裡的小職員，問問他們知不知道財務長或資深副總裁的名字，當你發現他們對公司是這麼漠不關心時，鐵定會大吃一驚。假如你是某大石油公司業務員或電信公司接線生，你應該在到職後不久記下公司高層的名字，對他們的背景也應有所瞭解。許多人雖然得到工作，卻無心探究鄰近部門的業務內容，亦無意瞭解公司整體營運，這種狀況實在令人訝異。或許大公司主管也有錯，因為他們沒有替員工舉辦對他們有幫助的教育訓練課程。當然，某些大企業會發行內部刊物，列出主管姓名、總公司位置等資訊，詳述公司經營理念。但我曾訪談過一位任職大型工廠的女士，她已經到職好幾個月，每個月拿到的公司刊物都有各部門主管的文章，然而除了當初面試她的人事主管以外，她講不出任何一個部門主管的名字。

你現在的工作是下一份工作的踏腳石。在前往下一份工作之前，你對手上的這份工作瞭解多少？光問問自己對公司本身、公司內外政策瞭解多少就好了。許多公司都會替員工保險，而員工只需負擔小部分保費；請問有多少員工曾認真讀過保險契約？很少。就連自己的社會保險，他們也不太清楚自己有哪些權利，對每個月從薪水扣除的各個款項是幹嘛用的也不清楚。

一位偉大的賢者曾說：「人類透過偉大的典籍來傳承歷史的智慧。」雖然戰爭促使更多人尋求書籍的陪伴與慰藉，但令人訝異的是依舊有許多人不看書。也許聽來奇怪，但商人除了報紙和各式財經雜誌之外，幾乎不涉獵其他讀物；而專業人士則多半只看跟自己專業領域有關的書籍文獻。我之所以提到書，是因為無論是哪個類別的書，自傳也好，小說、歷史或科學書籍也好，你幾乎都能從中找到一兩個有助於工作的好點子。

沒有人能獨佔知識，每個人也都知道知識就是力量。涉獵的知識越廣，思維就越受啟發；若再加上行動力，最後必能收到事半功倍的效果。

從思維投射到聯想

接下來我想來談談聯想，這是指從一個想法如何迅速連接到另一想法。聯想這個現象非常有趣，也非常重要，每個人都該好好培養、鍛鍊，尤其是從事廣告、寫作、銷售等等創意產業的人更該如此。

舉例來說，你在路上看到一輛車子，想一想你能從心裡面衍生出多少關於這輛車的想法。車身是鋼鐵、合金與塑膠做的——每個主要部分都能再細分成許多想法。接著再想想輪胎和氣閥——每個部分又能引出更多想法。想想車子駛過的路——於是我們想到馬路和鋪馬路的技術。想到汽油和燃料，這兩者又進一步引發更多聯想……我們不知不覺一路聯想下去，這樣的聯想彷彿永無止盡。

現在讓我們從做生意的想法開始聯想。假設你有興趣栽種、販售某種新品種的堅果，你會想到的第一個問題自然是：這筆生意有利潤嗎？接著你會用聯想來解決各式各樣與種植堅果有關的問題，例如土壤、地點、氣候條件、成本和勞力；而這些問題自然引出行銷企劃、包裝、尋找有意販售的經銷商、物流，以及終端消費者等環節。雖然起點只是一顆小堅果，卻能透過聯想衍生出一大堆想法。

聯想的第一招：外觀

這裡要特別提一下包裝和視覺吸引力，因為這兩項因素跟暗示法有很大的關係。所有販賣雜貨、水果、蔬菜的商人都知道，即使商品本身品質不變，光是運用漂亮、引人注目的包裝，就能提高商品售價。各位走一趟雜貨店就明白，那些吸引你注意的商品確實是如此。光從包裝這一點，我們就能區隔廚藝高超的大廚和一般餐廳的普通廚師。專業廚師深知視覺魅力的重要，所以他們重視擺盤，讓食物看起來更美味更好吃，更能激起食慾；但普通廚師可能不知道也不在乎這部分，他們只會用了無新意的方式將食物堆在盤子上而已。

以前我曾經對種芹菜的農地很感興趣。二次大戰初期，美國境內的日裔人士還未被送到集中營之前，向我租地的一位義大利人經常抱怨他競爭不過日本人，他還用這個當藉口拖欠租金。日本人好像天生懂得包裝的價值和重要性，他們會先仔細清洗芹菜，放在新的條板箱內，或是包裝成心型來販售，並經常附上一張小紙片，詳細描述並誇讚芹菜品質。但是向我租地的老兄行事懶散、粗枝大葉；在我的記憶中，他從沒洗過半根芹菜，他只是把芹菜扔進舊條板箱，然後不斷嘀咕抱怨日本人把生意都搶走了。

任何去過美國、加拿大主要農業區的人，只要看一眼農舍或糧倉，就能判斷這塊農地的主人是收成豐碩，還是在掙扎度日。我想到二、三十年前，美國西北部的果農拿一整車梨子或蘋果去賣，結果卻換不到二十塊錢；但近年懂得利用包裝和行銷吸引顧客的人卻賺進大筆財富。一般人其實並不在乎花個兩塊美金買一打用蠟紙或錫箔仔細包裝的蘋果或梨子。某些腦筋動得快的果農甚至利用郵購販售，將他們的水果送到全球各地許多的客戶手上。我就認識幾位用這種方式賣水果的人。在冒出這個念頭的那一刻，他們就預期自己會成功了。因為他們堅信一定會成功。

現在再把包裝跟你自己聯想在一起。你能吸引別人的目光嗎？你懂得穿衣打扮、展現最棒的一面嗎？你知道顏色的奧妙，研究過哪個顏色最適合你的身材和氣質嗎？你的整體外表能讓你在人群中一眼就被認出來嗎？如果答案是否定的，那麼你得好好留意個人包裝了。因為在這個世界上，人家所認識的你，是你呈現出來的樣子。看看那些車商、好萊塢化妝師或大型節目製作人，他們深知引人注目的重要，也懂得利用包裝替商品加分。假如你的商品品質優良又包裝精美，那就無人能敵了。你也可以用相同的方式組合你的外表和內在，同樣可以世界無敵。

想要瞭解合宜的外表對人的影響，往馬路上的工地走一趟就見分曉。假如你穿著體面，流露出大人物的尊貴氣質，擋到你去路的工人會立刻讓路給你。你也可以走進公司會客室試試，觀察那些等待跟主管會面的人。你會發現，凡是外表看起來頗有份量、舉手投足與言談之間頗具權威的人，總是特別容易引起其他人、甚至是公司主管的注意。

外表體面能給人留下好印象，最好的例子莫過於被抓進警局或監獄的人。穿著時髦、泰然自若的生意人很少遭到惡劣對待，至於流浪漢則多半馬上關起來。我在大城市的報社跑社會線有好幾年時間，這種差別待遇不知看過多少。因為犯了輕罪被逮，看起來「頗有來頭」的人大多會被請到警長辦公室坐一坐，方便他們打電話給法官或朋友保他出去；而流浪漢卻總是直接被送進牢房，關到獲釋為止。

某大汽車經銷商的主管告訴我，上面經常指派他去跟有錢的客戶談生意。「拜訪客戶前，」他說：「我不只沖澡、換衣服，還會去理髮院刮鬍子、理髮、修指甲。這樣顯然替我的外表加分不少，但更重要的是這樣影響我的內在；從頭到腳打理一遍讓我覺得像個全新的人，面對再兇、再嚴厲的客戶也面不改色，鎮定自若。」

當你要出門處理一件重要的事，合宜的穿著能讓你感覺到自己內在的力量；這股力量能讓擋道的人讓路，甚至為你開路，掃除障礙。心態正向、直視前方、鎖定目標、讓自己散發迷人氣息（這點要借助想像力，或者展現個人魅力），這樣絕對會產生驚奇的效果。

本書第四章提到的探險家席奧．博納，在他的名著《眾神的閣樓》中記述說，他在西藏遭當地人排擠、攻擊時，他學會了一個重要道理，那就是要拿出足夠的氣勢。根據書裡的描述，當下他的直覺反應是回擊，然而他想到以前曾學過要拿出氣勢、堅守立場，反擊的念頭馬上消失了。他挺起肩膀，抬頭挺胸，兩眼直視前方，堅定、迅速大步向前走；結果人群不僅自動退開，還有人出來幫他開路。

聯想第二招：相信

幾年前，我曾經認識某大城市的消防局局長。這位局長是個中年男子，一副天不怕、地不怕的模樣。他的夥伴們表示，平時好像神明都有在保佑局長似的。有一次，我去採訪他時，問他是否自己覺得有神明保佑，他大笑說：「我不知道是不是像你們說的那樣。我相信死生有命，但我也相信我絕對不會在擔任局長期間丟了性命。衝進火場前，我一定會先想像在我身旁四周劃了一道白色的界線，我堅信沒有任何危險能衝破這個界線傷害我，這是我小時候跟住在家附近的印第安人學的。也許這只是迷信，但那道白色界線救我的次數，已經多到我不記得了。」他一直擔任消防局長直到退休，最後活到七十多歲才去世。

大家一定都聽過偉大的棒球打擊手貝比・魯斯的名字②，以及他如何「隨心所欲」擊球的故事。如果他想把球打向左外野或右外野，來個全壘打，他就一定能把球打到他想要的地方。魯斯究竟是如何辦到的？關於這一點，大概只有這位棒球英雄自己才知道。不過，這真的是太神奇了，就算面對最厲害的投手，他照樣能讓球照他的意思飛，而且他的全壘打記錄也維持了很久。

厄尼．派爾③這個名字，則讓我立刻想起這位著名的戰地記者在隨艦前往太平洋戰區之前，就曾預告自己死劫難逃。這段回憶教我傷心，但他確實在出發前即預知自己不會回來了。相對的，我們也曾聽許多退伍軍人講過，即使當年在戰場上頻頻遭遇猛烈炮火，他們依然「感覺」或「相信」自己一定會毫髮無傷地回家，而結果也真是如此。

你會發現，經常深入險境的人大多相信，前述那種「白色界線」真的有效。也許這又是信念的力量。許多人在車上掛著幸運符，相信幸運符能讓人趨吉避凶。既然如此，有什麼道理不掛呢？

我們經常會受到他人發出的振波影響，程度遠超過我們的理解範圍，理由是如果我們常跟某些人往來，我們或多或少也會表現出這些人的個性或特質。大家都知道，夫妻相處久了，不僅長相越來越像，也會養成不少原本對方才有的習慣。嬰兒會接收母親或照顧者（例如保姆）的情緒特質，漸漸受她們的恐懼、喜好、厭惡影響，而這種情緒特質通常會跟著嬰兒長大，甚至一輩子。喜歡寵物的人（尤其是愛狗人士）常說，動物的個性跟主人很像；牠們可能很兇、很友善、樂天、愛吵或愛叫，全都與牠們最親近的人的個性有關。

抵抗負面的情緒

請各位務必切記，一個喜歡負面思考的人會把家庭或公司搞得天翻地覆。擁有強烈負面人格的人會造成極大傷害，同樣的，正面人格則帶來向上的力量，兩者的程度等量齊觀；然而當這兩股力量正面較勁時，負面的一方常佔上風。我們都知道，來自文明世界的人住到原始部落裡頭會發生什麼事：他會被原始部落同化。過去有些英國人到殖民地的叢林中去經營農場或礦場，他們每天都會刮鬍子、整理儀容、著正式服裝吃晚餐，目的就是為了不讓自己被同化。

假如擔任主管的人容易緊張，那麼所有與他共事的人都會變得緊張兮兮。在緊張型主管掌管的辦公室或店家，經常出現這樣的情形，這種情緒模式有時會擴及整個企業組織。我先前說過，企業組織都可能是由領導人所延伸出來的分身，因此組織若要運作得更順暢，所有成員都必須以最高主管的思維模式為準則，各自調整自己的思維模式。擁有強烈負面個性、與管理階層理念不合的人，常會把他的負面振波傳送給別人，對組織造成嚴重傷害；就像一顆腐爛的蘋果會害整箱蘋果爛掉，道理完全相同。同樣的，同一個房裡只要有一位女士開始哭，其他女士也會泫然欲泣；有人哈哈大笑，就會使其他人忍不住想笑；一個人開始打哈欠，其他人也會受到傳染，紛紛打起哈欠。要知道，我們的情緒振波對其他人影響很大，別人的情緒也會深深影響我們。

拒當悲苦情緒的受害人

如果各位想時時保持樂觀心情，就該盡量避免跟性格負面或悲觀的人交往密切。許多神職人員或諮商人員最後都因為長時間與帶著麻煩來求助的人相處，導致自己也成為負面思維的受害者。苦惱和悲傷會形成一股持續且穩定的振波，不斷衝擊，最後擊垮這些神職人員或諮商者的正向力量，使他們陷入負面情緒中。

各位只需回想一件事，就能更瞭解暗示振波的效應：當你走進不同公司行號或拜訪不同住家，當下的感覺是什麼？你會立刻感覺到環境氛圍是不悅、混亂、沉靜或是和諧，而這股氛圍全是經常出入該辦公室或住家的人營造出來的。

一個地方的氛圍是冷漠或溫暖，各位幾乎可以馬上從傢俱擺設、色調選擇、壁面外觀感覺出來；空間整體的佈置所傳達的振波，是與空間主人的思維相對應的，而且能顯現出主人的性格與思維。不論是一般住家、豪宅或小屋，只要觀察屋裡發出的振波就能理解屋主是什麼性格。

你害怕擔責任、做決定或獨自前行嗎？一般人都會害怕，這也是世上真正的領導者不多、但追隨者眾多的原因。遭遇困難時，你越是推諉逃避，問題越嚴重，你也會越來越怕自己沒有能力解決問題。因此，要學會做決定，因為不做決定就沒有行動，不行動最後只會招致失敗。你很快就能從經驗學到，一旦做了決定，麻煩也隨之消失。也許你的決定不是最好的，但光是「做決定」就能給你力量，提升鬥志。因為害怕做錯而帶來的恐懼，往往才會招致錯誤。先下決定，然後行動，不論會不會犯錯，麻煩有可能便消失了。歷史上的偉人幾乎都懂得遵從直覺、長久累積的智識或經驗，當機立斷。所以請務必學會迅速做出決定，大膽行動。

拒當疾病軟弱的犧牲者

我不是信仰治療師，但任何知道心智力量的人都知道，情緒化的想法會影響身體狀況，而且暗示能致病，也能治病。某些信仰治療案例顯示，有些人單純只是拒絕承認疾病存在，竟然因此獲得痊癒，更有許多人是真的有這樣的親身體驗。

有些相信心靈治療的人並不會去否認疾病存在，只是忽視疾病、漠視它，堅信自己健康無恙、心情愉快，身體一天比一天好。各個思想派別的相信者才最有資格評斷哪種方法對自己最有效，但是別忘了，不論哪個派別，每個人選擇的治療方式是否有效，最終仍取決於個人的信念是否堅定。各位不妨留意一個特別的現象，提倡「否認疾病存在」的派別有許多追隨者，而且人數還在增加。

「暗示法」用於治療疾病或身體病痛的效果如何，各心靈學派及醫界仍眾說紛紜，無一定論，但這仍舊無法抹煞一個事實：單單美國就有很多人堅信，他們的病痛之所以痊癒，全是拜心靈治療所賜。而且相信的人數還在繼續增加。

人類從很久以前就知道，恐懼、憎恨、擔憂等情緒會引起身體不適，甚至引發致命疾病，但仍有為數不少的醫界人士不願承認這個事實。不過，一九四五年二月十九日出刊的《生活》雜誌登了一篇文章，標題為「身心醫學」。該文指出，二戰時有百分之四十的軍人因「身心失調」無法上戰場。（身心失調是一種由情緒引起的身心綜合症，治療方式為藥物合併心理治療。）另外，該文亦指出，許多花粉熱、氣喘、心臟病、高血壓、風濕、關節炎、糖尿病、感冒，以及各種皮膚病如蕁麻疹、疣、過敏等，都直接肇因於情緒煩亂，或者是因為情緒不佳而加重身體的病情。這類病例的治療方式應該是要鎖定情緒不安的源頭，竭力根除。

精神病學家與精神分析學家在戰時進行了許多實驗。由於實驗結果證實心理治療成效驚人，導致藥物與心理治療的理論可能要加以修正。

然而，熟知心理治療這門科學的人應該都同意，病人本身的態度遠比治療者進行的治療有效。換句話說，不論治療者是依心理治療原則，或結合特殊信仰給予暗示，最後都要透過病人的自我暗示傳送至潛意識，在潛意識發揮作用。我明白以下這段話可能招致批評，但事實就是如此：假如病人不相信治療者給出的暗示，那麼暗示永遠不會有效。治療者與病人必須互相信任，治療才會有效果，而這也是我一貫的主張：只要瞭解如何運用暗示的力量，就算沒有治療者的協助也能奏效；但前提是此人的信念與暗示必須夠強烈、夠持之以恆才行。卡片法和鏡子技法其實與暗示的道理一樣，只要加上相當的正向肯定，這些技巧都能產生極大的功效。

超越肉身的極限

過去有段時間，社會大眾對於心電感應與讀心術再度感到興趣，許多大學、研究室著手進行相關實驗和調查，其中以杜克大學萊恩博士的研究最為突出。另外，獨樹一格的「電台心靈感應師」約瑟夫．鄧寧格④，他提出的思維投射術及讀心術，也引起社會大眾廣泛討論。

英美的精神研究學會都有大量關於心電感應、透視力以及相關類似現象的個案報告，然而，儘管已有許多公開發表的科學報告可供佐證，多數人仍傾向不願意承認「心電感應確實存在」。

我始終感到驚訝且不解的是，即使《聖經》上記載無數有關異象、透視、心電感應的故事，但許多說自己信仰《聖經》的人仍直斥心電感應這類現象。

你可以使用的心電感應

目前大眾依然普遍質疑心電感應是否存在，但幾位名列全球最偉大的科學思想家卻表示，心電感應不僅可能存在，而且只要瞭解心電感應，一般人也能運用這種能力。除了英美精神研究學會與萊恩博士公開發表的研究成果外，坊間還有許多討論這個主題的著作，其中較廣為人知的有：亞普頓．辛克萊的《心靈無線電》；紐約知名佈道家查爾斯．法蘭斯．波特博士的《感官之外》；名探險家哈洛德．薛曼和伍博．威金斯爵士合著的《穿越空間的思維》；出版人艾琳．蓋瑞特的《心電感應》；巴黎國際玄學研究院院長何內．瓦克利的《實驗心電感應》⑤。

杜克大學的萊恩博士首度發表他的實驗成果之後，許多人爭相撰文表示，實驗結果可能只是巧合；另外也有人投入大量時間和金錢，想證明心電感應「不存在」，但杜克大學與其他一流學校仍持續進行相關實驗。我常感到納悶的是，那些持反對意見的科學研究員為什麼只想證明心電感應不存在，卻不願證明心電感應存在。但我還是相信，信念能創造奇蹟。萊恩博士也在他討論超能力的著作裡提出佐證。他表示，若受試者能感受到「物體的精神力量」，實驗結果大多令人滿意；然而當受試者的新鮮感逐漸消褪，心念傳送與感受能力也會逐漸削弱，也就是說，受試者態度熱衷才會自然產生興趣，並相信實驗能得到令人滿意的結果，如果過幾天再把受試者找回來繼續參與實驗，結果通常不甚滿意，因為受試者已經失去熱忱了。

無形力量的無限可能

《美國週刊》在一九四六年八月二十五日刊登了一篇文章，標題是〈科學證明：人有靈魂〉，作者是萊恩博士，文中他提出的解釋與本書主題密切相關，所以在下面我直接引用全文：

科學如何定義靈魂？為了找出答案，我們自然想到從心理學的角度切入，因為心理學基本上是「研究靈魂」的科學，但令人驚訝的是，我們在所有心理學的專書文獻裡幾乎找不到任何關於靈魂的論述。

如果有人煞有其事地討論心靈，彷彿心靈是獨立於大腦存在的實體，心理學家大多只會微笑著忍耐聆聽。而一般人也普遍認為，世間萬物必須具有實體，符合物理原理才能確定是真實存在，而靈魂不具實體，屬於精神層面，根本不可能存在，相信靈魂存在的人說不定還會被斥為迷信。

若繼續擴大物理解釋範疇，有人甚至期望未來能用物理原理解釋所有名為「精神」的事物。然而我們眼前常發生無法用人類物理觀點解釋的事情。舉例來說，有人作惡夢驚醒，因為夢見至親好友過世；雖然這位親人或友人遠在千里之外，但結果卻發現夢中觸目驚心的畫面竟然是真的，時間點也完全符合。

最奇怪的是，在某些案例中，做夢者預見的事件可能要到數小時，甚至數日之後才發生，但他們可能已在夢中精確看到、甚至經歷現實發生的某些細節。

當然，對於這種情形如何解釋，一般人最先蹦出的念頭是「巧合」。大部分人先想到這層簡單的解釋之後就不再深究，但好在仍有人願意深入思索。若各位大量研究這類案例，就會發現這些事並不全部都是巧合，所以，符合科學的做法就是設法找出潛藏在背後的種種因素。

假如有任何一項「超自然」的經驗顯示心靈有能力超越時空，那麼這顯然已超出物理學的範疇，如此一來就可以證明，心靈屬於精神而非物理法則。這僅是探究靈魂的一道線索，除此之外別無其他意義，但這道線索卻是重要的指引，能帶領我們找到可信的佐證。

超自然經驗可以進一步衍生出各種超能力實驗。超能力也就是「超感官知覺」，包括心電感應與透視（千里眼）兩種能力。換句話說，心電感應和透視力是兩種不尋常的訊息接收模式，也就是不使用任何感覺器官（如眼、耳）感知訊息。典型的心電感應試驗方式為：兩位受試者各待在一個房間裡，然後一位受試者要想辦法感知另一位受試者內心所想的是哪張撲克牌、哪個數字或符號。至於透視力的受試者則是要去感知物體（常是撲克牌），而非想法。簡言之，心電感應是感受他人心理狀態的超能力，而透視力則是感受物體狀態的超能力。

一九三〇年，杜克大學有一群心理學家，開始進行一連串包含心電感應與透視力的超能力實驗。這個實驗的贊助者為英國首屈一指的心理學家威廉．麥道格⑥。麥道格是皇家學會院士，曾任杜克大學心理學系系主任。這次計畫在一個後來被稱為「超心理實驗室」的地方進行。但這絕非人類第一次進行超能力實驗，早在五十年前就有人做過零星實驗，有些實驗甚至在一般大學研究室裡完成，但這些年來，從來沒有像杜克大學這樣進行有系統的連續試驗。

超心理實驗室進一步發現更多確切證據，可以證明兩種超能力（心電感應和透視力）的存在，他們開發出新的實驗模式並訂定標準，以便重複操作驗證，杜克大學的實驗將這股風潮推展到國內外各研究機構，形成一波超能力實驗運動。所有實驗都經過縝密規劃，確保受試者無法經由感官取得線索，且實驗結果不受其他錯誤因素影響。試驗記錄皆透過長期公認的標準統計法進行評估，評估結果顯示，實驗結果絕非巧合，也非實驗設計不良所致。

研究人員取得超能力確實存在的證據後，便開始進一步探究另一個更重要的問題：這種能力如何和現實世界產生連結？心電感應與透視力的運作是否嚴格遵守物理定律？還是說這兩者其實已超越物理界限，如同那些自然發生的「超自然」現象？

幸好，要想檢驗超能力與空間的關係，方法其實很簡單。比方說，我們只需進行長距離試驗（受試者與撲克牌保持相當距離，受試者以超能力辨識是哪張牌），再將長距離試驗結果與短距離試驗結果兩相比較即可。不論距離長短，心電感應與透視力的實驗結果都一樣令人滿意。無論距離是多遠，超能力的運作結果完全不受影響，此外，角度、障礙物與其他物理條件似乎也不會影響實驗成敗。

那麼時間呢？若空間不會影響超能力，可以假設時間應該也不會對超能力造成影響。根據一般的超能力實驗，我們能馬上設計出可預測未來的超能力實驗（也就是一般人熟知的「預言」）。研究人員請成功通過距離試驗的超能力受試者接受預知試驗，預測洗牌之後的撲克牌順序。結果發現，他們在機器洗牌前及洗牌後預測的成績差不多；另外，研究人員也安排他們在兩天、甚至十天前預測機器洗牌後的撲克牌順序，結果也不受時間影響。預測洗牌結果的實驗與之前的距離實驗一樣，證實超能力不受時間與空間影響。

這些實驗推導出唯一一種可能的結論，那就是，透過「超感官知覺」的能力，人類心靈確實可超越現實世界的時空界限，其他實驗室也得到相同的印證，因此更加確立「心靈確實擁有無法以物理學解釋的特性」這個結論。由於時間與空間是現實世界最明確的指標，因此心靈必然超越物理範疇，或在本質上直屬精神層次。我們指稱的「靈魂」不具實體，非屬物理層次——意即屬於精神層次，那麼，透過超能力實驗，我們也同時得到靈魂存在的證據。

有些人認為，這個實驗只能粗淺解釋靈魂問題。我們當然不可任意誇大研究結果的解釋範圍，事實上，我們所做的只是針對靈魂的基本理論提出證據罷了，當然，關於靈魂的宗教面向是這些研究還無法解釋的。這部分還有許多未解之謎，比方說：靈魂能與肉體分離嗎？肉體死亡，靈魂還能存在嗎？如果靈魂可獨立於肉體存在，那麼不具形體的靈魂能與其他生命體接觸或造成任何影響嗎？宇宙靈魂，或是「神」又該如何解釋？靈魂之間如何溝通——尤其是人類靈魂如何與神溝通？本文目前所討論的範圍還未觸及與宗教相關的問題，也未深入討論。

我們現在只能斷定，自從唯物主義興起，用物理學完全解釋人類所有層面的觀念主導了整個學術界，但這樣的觀點已經受到反駁了。

人類肯定擁有超物理的特質，只是程度多少目前還無法得知。

人類的現實世界一定存在著某種超越時空限制的秩序。

但我們也必須知道，現階段還有很多我們看不見的種種可能性。關於靈魂的理論提供我們足夠穩固的基礎，讓我們能更深入思考宗教問題。現在我們已經建構了人類心靈哲學的基礎，接下來，我們仍然要以同樣的方法，從科學著手，繼續深入探索人類的本質、特性和命運；簡而言之，就是繼續解決其他重要的宗教問題。

以前許多宗教的領袖都強烈反對透過實驗探究宗教問題。雖然目前仍有不少保守派人士對科學入侵信仰領域感到憤怒，但也有更多虔誠的人士渴望超越目前的智識領域，明確瞭解人類心靈與人類潛能的力量。

令人驚訝的是，最主要的反對力量竟然來自正統科學本身，保守派的科學家尤其懼怕人類的本質上有所分歧，害怕例如靈魂／肉體這類二元理論，他們的恐懼程度甚至大到令他們不願接受這類二元性存在的證據，使他們對這些證據視而不見。他們實在不用如此焦慮，因為，也許人類的靈魂不像肉體這樣真實存在，本質也不盡相同，但這兩者在某種層面上仍是一體的。

靈魂與肉體會彼此互動，所以兩者確實擁有共通之處；若靈魂與肉體完全沒有共同點，兩者絕不可能彼此影響。由此可見，人類的現實世界肯定存在某種未知領域，既不屬於已知的物理學領域，也不屬於精神範疇，而人類所有涉及心靈與肉體、心理和身體的相關運作及活動，都根植於這個未知領域。這是一個超越心靈與物質的國度，宛如哥倫布眼中的新大陸，靜待哪位幸運的探險家來發現，但這位探險家必須像哥倫布這個偉大的熱那亞水手一樣，擁有足夠的膽識和勇氣，敢於質疑眼前既有的知識與信仰，以事實來驗證。

駕馭超能力的起點

我曾多次參加降靈會，有時在降靈會上靈媒不願施法，因為靈媒認定現場有人帶著嘲笑的態度，根本不相信降靈，而這些人的振波會營造出帶有敵意的氛圍，不利降靈會的進行。

唯物論者可能會嘲笑以上這種說法，但我曾在幾次大型聚會上，親眼目睹只因一位聽眾抱持懷疑態度，以強烈的敵意提出質疑，造成整場會議中斷，講者的努力也付諸流水。

我想，所有瞭解思維振波理論的人一定也能明白，任何冷漠、不起共鳴的振波都像「把扳手扔進機器」一樣具破壞力。我們同樣可以在萊恩博士的實驗中找到佐證，萊恩博士發現，在進行念力實驗時，如果有旁觀者試圖使受試者分心、壓制他的感受力，那麼實驗結果鐵定低於期望值；相反的，如果受試者身邊沒有旁觀者，或旁觀者採取中立或支持的態度，那麼實驗成功的次數也會相對提高。

只要讀讀巫術、巫毒醫者或妖術師的故事，甚至是當今某些心靈治療者的治療成果，各位就能瞭解，人絕對有能力施展某種力量去影響別人，這股力量，就算隔著一段距離也能發揮作用。沒錯，施術者會先將暗示植入病人或受害者（就受害者的案例而言）的內心，其中又以隔空治療的效果最明顯，因為病人並不知道有人正在「治療」他，但目前仍然沒有理論支持這是否與心電感應有關。

其實，幾乎所有偉大電學家，包括愛迪生、史坦梅茲、特斯拉、馬可尼，都對心電感應有興趣，而亞利希斯．卡瑞爾博士不僅相信心電感應，他還表示，科學家應該用研究生理現象的方法去研究心電感應。

經過二十年的調查研究後，倫敦精神研究學會⑦正式承認心電感應確實存在，許多大學或研究機構也持續進行實驗，發現越來越多可證實心電感應存在的驚人證據；儘管如此，仍有許多科學家不肯接受這些結果。另外，自行研究心電感應的人數也不斷增加，只是他們大多被視為容易受騙上當的怪胎。我常納悶，那些不肯相信的人一直貶斥這類研究成果，這樣對於他們自己以及那些不肯相信的人，還有那些對這種現象有興趣的人來說，是真的比較好嗎？別忘了，這些研究極可能引領我們發現迄今不曾想像過的偉大成果。

許多愛馬與愛狗人士，尤其是長年養馬、養狗的人堅信，他們能與動物心意相通；而全球各地也有無數傳聞，描述世界各地的原住民族使用心電感應的現象。

多年前有位企業主管告訴我，他開除了一些員工，因為他們竟然會在心裡對顧客默念「你該走了，快走快走」，這會讓顧客真的沒多久就開始焦慮、坐立難安或頻頻看錶，接著便拿起帽子走了。

你也可以用這招試試，如果有客人到你家待太久不走，而你覺得他們該離開了，這時你只要在心裡默念說：「快回家，快回家，快回家吧。」你會發現他們開始東張西望找時鐘，然後說：「時間晚了，我們該走了。」

我知道有些人會質疑，表示這跟心電感應一點關係也沒有，而是你用臉上表情、肢體語言、緊張或疲累的樣子來提醒訪客，暗示他們該打道回府了。各位可以自己實驗看看，但要注意，不能讓客人從你的語氣、表情察覺出你希望對方快離開的暗示。你會發現，雖然這個方法有時不見得管用（尤其是對方試圖辯贏你、或強調自己論點的時候），但如果你在兩人談話中斷時嘗試這個方法，結果鐵定令你嚇一跳。

幾年前，我工作的公司位在辦公大樓的二樓，幾年後我們公司搬到十樓去了。每次進電梯時，我通常都會對電梯服務員說「十樓，謝謝」，然後腦袋想著二樓，回想在二樓工作的種種；有好幾次電梯服務員竟然把電梯停在二樓，回頭看我。（他不認識我，也不知道我先前在哪層樓工作。）

西岸一位知名神職人員曾深入研究心智力量，他告訴我，每當他希望教堂裡有花，他只要把這個念頭傳送給教會的會眾，之後就會有教友送花來。他還告訴我，他教堂裡的紀念窗也是這樣來的，每當他感覺該裝新的紀念窗時，光是從心裡傳遞出暗示的訊息，就能使新的紀念窗出現。

一九四五年四月，曾任紐約自然歷史博物館館長的探險家洛依・查普曼・安德魯斯博士⑧，在廣播節目裡說起一件堪稱史上最不尋常的「巧合」事件。故事的主人翁是一名美國作曲家，他發表了一首新作，沒想到卻發現，就在不久之前有位德國作曲家也做了一模一樣的曲子，每個音符分毫不差。過去曾有不少類似的案例發生，兩人遠遠相隔兩地，卻在同一時間興起相同念頭，但兩首曲子從頭到尾完全相同，讓這個故事更顯得不尋常。

還有其他的例子，我在動筆寫這本書之前，曾把一篇文章投稿給東岸某出版社（我定居西岸），但出版社卻回信告訴我，不久前他們剛收到東岸某作家一篇題材相同的稿子。還有，發明家伊利沙·葛瑞⑨宣稱他幾乎跟亞歷山大·貝爾⑩同時想到發明電話的點子。這種在同一時間各自冒出相同靈感的例子，在作家、發明家、化學家、工程師和作曲家之間可謂屢見不鮮。

就連在撰寫本書期間，我的經紀顧問和我也常訝異發現，我們竟然幾乎同時想到一些修改或補充內容的點子，這些點子不僅相似，我們還經常同時想到要用哪些人做例子。寫作初期，出版社希望我再多寫些內容，就在我收集資料進行研究一個星期後，我收到顧問來信，告訴我他建議出版社該新增哪個主題，而他建議的主題正好是我正在研究的那個主題。後來經過確認，才發現我們幾乎是在同一時間想到同一個主題。當然，我們無從得知遠在紐約的顧問如何感應到我的想法，或者我怎麼能感應到他的念頭，我只是單純陳述事實而已。

①艾伯特·哈伯德（Elbert Hubbard, 1856–1915）是美國作家兼哲學家。
②貝比·魯斯（George Herman "Babe" Ruth, 1895–1948）是美國職棒大聯盟明星球員，原本是投手，後來

卻以強棒打者揚名，曾效力波士頓紅襪隊，後來加入紐約洋基隊之後，帶領球隊拿下四次世界冠軍，有「棒球之神」的稱號。

③厄尼・派爾（Ernest Taylor "Ernie" Pyle, 1900–1945）是一名美國記者，於一九四四年獲得普立茲獎。

④約瑟夫・鄧寧格（Joseph Dunninger, 1892–1975）是美國最有名的心靈感應者，也是在廣播及電視上表演魔術的先驅。

⑤這裡提到多本心靈感應的著作，包括亞普頓・辛克萊（Upton Sinclair）的《心靈無線電》（Mental Radio: Does it Work, and How?）、查爾斯・法蘭斯・波特博士（Dr. Charles Francis Potter）的《感官之外》（Beyond the Senses）、哈洛德・薛曼與休博・威金斯爵士（Harold Sherman & Sir Hubert Wilkins）合著的《穿越空間的思維》（Thoughts Through Space）、艾琳・蓋瑞特（Eileen Garrett）的《心電感應》（Telepathy），以及何內・瓦克利爾（René Warcollier）的《實驗心電感應》（Experiments in Telepathy）。

⑥威廉・麥道格（William McDougall, 1871–1938）是二十世紀初的英國心理學家，後來移民美國，曾任職於杜克大學，在萊恩博士的超自然心理實驗室工作。他也是英國皇家學會（Royal Society）的院士。

⑦倫敦精神研究學會（London Society for Psychical Research）創立於一八八二年，成立目的是為了調查有爭議的心靈現象。

⑧洛依・查普曼・安德魯斯博士（Dr. Roy Chapman Andrews, 1884 - 1960）曾任紐約自然歷史博物館館長，是著名探險家。電影人物印第安納・瓊斯據說就是以他為原形。

⑨伊利沙・葛瑞（Elisha Gray, 1835–1901）是美國電機工程師，曾於一八七六年設計出電話的原型機，因此也有部分人士認為他才是電話的真正發明者。

⑩亞歷山大・貝爾（Alexander Graham Bell, 1847–1922）是英國科學家兼電機工程師，因為搶先申請了電話的專利權，所以一般都稱他是電話的發明者。

第八章

女性與信念的力量

我在寫這本書的大綱時，常會想起幾位知名女性，她們都運用過信念的力量。有次我和美國名作家暨自然學家班・蘭普曼閒聊，他建議我另闢專章，討論女性如何運用信念的力量。他認為：「許多女性並不瞭解，其實她們也可以跟男人一樣，利用『信念的力量』得到助益。若她們瞭解並且應用信念，就會發現原來自己握有足以顛覆世界的力量。女性其實應該為自己覺得驕傲，因為當她們想要完成某件事，就會把念頭深深嵌入意識，然後不達目的絕不罷休。有一句俗話說得沒錯：『雌性比雄性更致命。』一旦女性瞭解自己的力量，知道如何運用自己的力量，誰也無法抵擋她們。如果她們願意，說不定還真的能統御世界。某位劇作家的作品裡有這麼一句：『在天堂，最大的憤怒就是由愛轉恨；在地獄，最猛的烈火也無法比得上女人的冷嘲熱諷。』一旦女性激發出自己的力量，並且瞭解自己能成就什麼，女性幾乎可說是所向無敵。女性比男性適應力更強，更多才多藝。雖然拿破崙說自己是『創造時勢』的人，但其實許多男人是時勢下的受害者，而女人光憑與生俱來的思考方式就能扭轉乾坤，讓時勢為自己所用。」

女性創造自己的好運

後來我讀到一篇女性抱怨「女人真歹運」的投書，讀完我大大醒悟，如果今天女人當真「歹運」，那麼她們要做的只有一件事，就是效法她們的前輩姊妹，創造自己的「好運」。

因此，我要特別強調「女性需要運用信念」的重要性。接下來，我會舉例告訴各位，幾位歷史上及當代的女性如何運用信念的力量獲得極高的成就，我們要知道，一旦女性覺醒，她們一定會在世界上扮演更舉足輕重的角色。

事實上，女性可能自己還沒意識到，她們早已擁有隨心所欲的潛力了，因為社會的經濟可說是掌握在她們手裡！

二戰時女性在美國擔任焊機工、鉚工，或加入陸軍婦女服務隊、婦女志願緊急救難隊、美國海岸防衛隊婦女預備隊等準軍事團體①；過去許多軍事行動全由男性負責，現在這些工作都可見到女性全程參與。過去成千上萬的單身女子或家庭主婦沒有機會踏出家門參與世事，因此，女性踏入職場的經驗應該能讓其他女性瞭解，她們擁有潛力和機會，可以積極活躍於世界舞台上。

今天，光是美國就有許許多多在各行各業表現傑出的女性，從教育家到銀行家、企業家都有，更別說還有數不清的作家、編輯及其他專業人士。我們可以輕易蒐集到許多實證，證明美國有許多偉大的改革構想皆出自女性，女性甚至是推動這些構想的重要動力。有些男性讀者可能不贊同這個說法，但這是不可否認的事實。

我曾任新聞記者，自然報導過女性主義運動；近四十年來，我時時見識過並感受到傑出女性展現的力量。

傳奇社運健將邦杜蘭：熱情戰勝身障

若要討論女性與信念的力量，我立刻會想到知名的慈善工作者邦杜蘭女士。她一直積極參與各項婦女運動與慈善工作，催生禁止童工法規，興建女性少年犯中途之家和醫院，推動許多保障婦女與孩童福祉的立法案，積極協助盲胞及其他殘障人士，前後達四十多年，在美國已成為傳奇人物。雖然她餘生都得承受身體部分殘障的不便，但她一直充滿熱情，不斷尋求新挑戰，擴張新境界。

邦杜蘭女士一直是「殘障同胞自強協會」的志工，該協會的成員多是盲胞、不良於行和身體殘障的人。她打算與會員一起開家店，販售會員製作的商品。曾有多位商界人士表明願與她合作，不過邦杜蘭女士告訴我，將來如果有必要，她願意自掏腰包付房租，但所有收益全歸協會所有。

某個禮拜天下午，我坐在她充滿書香花香的會客室裡陪她，一副拐杖就擺在門邊的角落。（邦杜蘭女士老年時必須借助拐杖行動，不過她堅持不需人攙扶，總是自己上下電車、巴士和汽車。）在我面前，她仍健步自如，走來走去。後來我們討論到信念這件事，邦杜蘭女士的看法是：

我已經活了整整七十一年，不但養活一家子人，還參與過各式各樣你們耳熟能詳的社運活動。我堅信，這些年來一直有某種力量，或者說是神，在我需要的時候支持我，從沒讓我失望過。人一定要有信念。回顧這些年，想起曾經一起為立法奮鬥、為女性和兒童爭取更好工作環境的婦女夥伴，我才瞭解到，那些法令之所以能夠通過和施行，全是這些女士擁有堅定不移的精神，相信自己的出發點是公正、正義的，最後才促成立法。

我很訝異，許多女性竟然不知道自己擁有驚人的力量。我絕不認為女性愚蠢，但許多女性缺乏自覺，我在跟一些婦女團體聊天時，常覺得很驚訝，她們竟然不知道這些幫助她們以及孩童的改革運動，都是婦女同胞發起的。我認為，一旦女性意識到自己的強韌和力量，她們可以為世界長治久安做出更多貢獻，讓世界變得更美好，成就絕對遠遠超過那些赫赫有名的男性自由鬥士與所謂的和平使者。

事實上，我會說，所有偉大的進步與建設，都是由懷抱夢想並堅信夢想會成真的男男女女完成的。他們的夢想怎麼可能不實現？就像「翻山越嶺尋找不知名寶物」那個古老的故事一樣，不論你從山的哪一面往上爬，只要夠堅定，最後一定會登上山頂。信念也是這麼回事，信念究竟是真實的東西，抑或只是想像的產物，其實並不重要，重要的是信念和信念引發的一連串行動，的確能讓美夢成真。

我無意批評別人，不過根據我的觀察，一般人雖有信念，卻沒有足夠的動力和行動去支持信念。舉例來說，有些婦女團體只是發言支持或反對某些議案，卻沒有行動，以為這樣就能解決問題，然而，除非讓當權者注意到我們真正的意圖，否則光是通過議案根本毫無用處。

人生最令我滿足、快樂的事，就是服務他人。這些年來，我贊助過各式各樣的活動，也催生法案，但我不曾求取分文作為酬勞或補貼。雖然這在某些人聽來是太過天真，好像把麵包扔進水裡卻以為還會再浮上來一樣樂觀。舉個例子好了，大蕭條期間，我先生賠掉了大筆錢，最後病倒在家，所以我必須每天去公司拿信、處理例行工作。有時候，我們真的好像擠不出錢應付日常開銷，然而每每到了該還錢的時候，信箱裡就會出現別人寄來的支票，償還我先生多年前借貸的款項或拖欠已久的貨款。那段日子我們真的很苦，但也總是能適時得到幫助，因此我從未失去信念。

望著邦杜蘭女士，聽她說話，我突然領悟到，我眼前的並非尋常女子，這個人全身精力充沛、擁有堅定的精神與決心，矢志成就偉大信念。邦杜蘭女士是美國史上推動並通過最多婦女、兒童福利保障法案的人，想起這一點，我不得不想，假如所有女性都像她一樣有遠見、有運用信念的行動力，這股力量鐵定對世界意義非凡。

歌劇天后葛瑞絲：偉大的藝術家不輕看任何一個角色

二十世紀中期有兩位偉大的女性相繼辭世，中間相隔不到幾個禮拜。一位是歌聲如黃鶯出谷的葛瑞絲．摩爾女士②，另一位則是英國激進派婦女運動領袖愛倫．威金森女士③。兩位女士的共同特點，都是在很年輕的時候就知道自己的志向了。

葛瑞絲．摩爾和許多攀上人生高峰的成功人士一樣，曾遭遇極大的困難，她的處境，就算堅毅強悍的男人碰到了也可能放棄，可是她最後克服困難獲得成功。葛瑞絲從小就渴望成為偉大的歌劇演唱家，她到處尋找機會，用歌聲擄獲人心，就算她身無分文，離家到紐約闖天下，在小咖啡店駐唱換取晚餐，她也從不曾放棄。她十七歲正式登台，四十五歲達到事業巔峰。她一次次遭遇困難、陷入絕境時，總有辦法憑著過人的決心和勇氣逆轉頹勢。

有次她倒嗓，醫師告訴她以後再也無法唱歌了，但她卻決定全心與自己的病況對抗，並且在長達一年的沉潛休息後，帶著比以往更優美的嗓音重返舞台，燦爛的歌聲使她聲名大噪。

葛瑞絲不幸在一九四七年初死於哥本哈根的一場空難。但她一生始終堅持並相信自己的夢想：她要幫助其他有天賦的人達成目標。

懷抱這種胸懷的明星不多。她常適時伸出援手，幫助許多有理想但默默無名的歌手。據說有次一位受她幫助而成名的歌手，頻頻抱怨自己得到的角色不好，葛瑞絲勸告她，偉大的藝術家不會看輕任何一個角色，但不成氣候的藝術家則不論哪個角色都覺得不滿意。

教育先鋒愛倫：為年輕人打贏一場教育戰爭

愛倫・威金森曾任英國教育部長，是個嬌小的紅髮女子。她憑著毅力一路披荊斬棘，儘管身高不及五呎（一百五十多公分），但面對人高馬大的男性政治領袖卻毫不畏懼。

有人說她一輩子都是個很難搞定的人。她是老師出身，在學校教書之後開始爭取女性參政權。她也當過小說家、新聞寫作者，最後成為內閣部長。有人評論說她是全英國最活躍、最有毅力、最討人厭的女性，她還覺得是恭維呢。

她對英國社會最大的貢獻是延長義務教育的年限，將畢業年齡從十四歲提高至十五歲。在當時的英國社會，工業界亟需年輕勞工，巴不得把年輕人全部投入生產線，不要留在學校，因此其他內閣部長極力反對延長義務教育的年限，但威金森女士力排眾議，最後為年輕人贏得了這場教育戰爭。

歷史關鍵點的女性

從埃及豔后克麗奧珮特拉到現代，無數女性憑藉內心深處的信念，影響了無數人的生活。有人說，每一位偉大統治者背後都有一位偉大的女性，從歷史的角度來看，這個說法或許不是百分之百正確，但我們依然有足夠的證據證明，女性經常引導趨勢，進而創造歷史。我想到了幾位因堅持信念而有所成就的傑出女性。

例如嫁給拿破崙三世的尤金妮皇后④，小時候有次跌倒撞上欄杆，身上到處都是瘀青，吉普賽奶媽要她別哭，並且告訴小尤金妮說，她一定會長命百歲，而且當皇后。她信了奶媽的話，而她後來的命運也幾乎應驗吉普賽人的預言：當了皇后，最後以九十四歲高齡辭世，只比奶媽的預言少了六歲而已。

另一位是舉世聞名的居禮夫人，她與丈夫共同發現鐳元素。她年幼時，華沙有一個吉普賽老婦人預言她未來會成為名人。故事是這樣的：某天，瑪雅．思克洛多思卡（居禮夫人的本名）去找朋友玩，途中遇到一位吉普賽婦人，要看她的手相。其他小朋友要瑪雅別信吉普賽人的話，但這位老婦人卻緊抓女孩的小手，興奮地解釋她的手紋，直說她將來一定會出名。而我們都知道，居禮夫人的確是現代最出名的女性之一。

皮耶．居禮教授與夫人最初只是想瞭解「輻射」這個現象背後的秘密，結果發現了具有劃時代意義的鐳元素。也許歷史永遠不會告訴我們那位吉普賽老婦人說的話是否真的激勵居禮夫人，影響她的志業，但各位只要讀一讀她的傳記就能發現，答案其實很明顯，因為居禮夫人從小就立志要當科學家。她曾向波蘭的克拉哥大學申請研讀科學，但該校不讓她入學，認為女性不該唸科學，反而建議她去學烹飪。於是居禮夫人進入巴黎索邦大學，靠教書和實驗室工作維持生計。她和皮耶．居禮就是在實驗室認識的。

她和居禮教授開始合作追蹤輻射源之後，她全神投入，誰也擋不住她。她有兩個女兒要照顧，有一個家要打理，同時還得對抗身體病痛，但她仍不願放棄實驗工作，就算丈夫苦苦哀求也不能澆熄她的研究熱忱，歷史上很少有像居禮夫人這樣備受推崇的偉大女性。她小時候遇見的那位吉普賽老婦說她有朝一日會功成名就；而她的確實現了童年時代的預言。

史上最離奇的信念：我就是公主

歐寶．懷特利⑤的故事不僅令人驚歎，可能也是有史以來最離奇的故事。這個故事證明了信念的強大力量，亦證明美國心理學之父威廉．詹姆士的說法，也就是「信念會創造出能證明信念的事實」。歐寶的故事清楚證明，強烈的渴望確實能影響現實事情的發生。

從庶民到皇室

故事的主人翁是一個名叫歐寶的小女孩。從小認識她的人都知道，她是美國奧勒岡州一個伐木工人懷特利家的女兒。然而，歐寶卻堅信自己是法國波旁王朝王儲亨利．奧爾良⑥的女兒，她還寫了一本有名的日記，裡面鉅細靡遺描述她具皇室血統的父王與母后。據說她從六、七歲時就開始寫了。這本日記於一九二〇年由《大西洋月刊》贊助出版，造成極大轟動，在文壇引起軒然大波，許多心理學家、科學家、占星學家、靈媒、編輯、神職人員、評論者以及幾乎所有認識歐寶的人，全都捲入這場混戰。

在美國史學家阿佛烈．鮑爾斯⑦所編的《奧勒岡文學史》中，收錄了知名記者艾伯特．貝⑧撰寫的文章，艾伯特說：「我幾乎可以斷定，歐寶的日記大部分是騙人的，很多是抄襲而來，有證據顯示，她絕對不是被領養的。」

雖然歐寶並非出身皇室，可是後來她真的成為了皇室成員！

歐寶的日記在她二十二歲那年出版，一九三三年，約莫是日記出版十三年之後，報上登了一篇報導，描述一位美國女士在印度烏黛普省旅遊時目睹了不可思議的事情。當時她坐在馬車上，迎面有輛由八人騎兵引導的馬車隊朝她駛來，而坐在馬車上的竟是歐寶．懷特利，那位來自奧勒岡伐木家庭的女孩！

調查發現，歐寶當時確實是住在印度王子烏黛普大君的府邸，同一系列的報導還指出，當年《大西洋月刊》出版歐寶日記時正好在該月刊擔任編輯的艾勒利．賽吉克⑨也證實了歐寶的確住在印度大君府邸。報導還說，兩名大君朝臣曾寫信向賽吉克先生證實此事。賽吉克寫過一本書叫《快樂職業》，裡頭特別有一章描述這則離奇故事。

我自己跟記者艾伯特・貝先生聊過幾次。這位貝先生多年來一直是奧勒岡州家喻戶曉的新聞記者，與我見面時已轉任《奧勒岡石匠報》主編。我們談起歐寶創造命運的奇特方式，貝先生說：「簡直不可思議，應該可說是超自然現象吧，她身邊的事實竟然照她的意思改變，順應她的計畫。」

貝先生跟其他從小就認識歐寶的人一樣，堅信她是伐木工人懷特利夫婦的女兒。他跟歐寶很熟，以前住在距離歐寶家不遠的鎮上，歐寶年少時常在那一帶活動。「我最初是在報導基督教青年勉勵會的時候認識她的，因為有人說，有個來自附近伐木林區的十七歲女孩當選勉勵會會長。歐寶給我的第一印象是活潑開朗、熱情好動、外向、特立獨行，比同齡的人見多識廣，求好心切、態度熱忱、信仰虔誠，但她後來改變好多，變得像謎一樣的人，我完全不認識她了。」

成名大作戰

「她永遠在計畫，總是在行動之前詳細做好計畫。最令我驚訝的是，她當時想撰寫一本與自然有關的書籍，書名叫做《人間仙境》，她竟然向大企業家卡內基、洛克斐勒等人尋求贊助，而且還真的募到錢。那本書附了一頁文宣，印滿來自各界的溢美之詞，包括比利時女王伊利莎白、前美國總統羅斯福、當紅作家金妮．波特⑩和其他多位名人的推薦詞。」

貝先生的一段話令我相當訝異：「歐寶老早就做好縝密的規劃了。但我始終百思不解的是，她為了讓自己的日記能順利出版，到底計畫做了哪些事，而《大西洋月刊》的編輯賽吉克又怎麼會剛好找她洽談日記出版的事呢？」

反覆思量貝先生的話，我懷疑賽吉克先生找歐寶洽談日記出版這件事，也許並非偶然，而是這個怪女孩透過「心電感應」把這個念頭傳給賽吉克先生。我沒有和貝先生討論過這種可能性，不過，假如歐寶很早就懂得在事前利用心靈力量把想法傳送出去，那麼應該就能解釋賽吉克為何突然會問她有沒有寫日記了。

借助大自然的神秘力量？

多年來我始終堅信，比起天天喝牛奶卻沒看過乳牛的城市人，經常接觸大自然與野生動物、或者和家禽家畜互動頻繁的人，擁有更敏銳的共鳴或直覺，有能力理解更深奧的事物。我總認為，大自然會向這群人揭露許多奧祕，對住在現代城市大樓中的人則多所保留。

不論是心電感應，還是知道如何無聲地向他人傳遞個人的思維，都是大自然向親近它的人揭露的神祕事項之一，我無法解答這些奧秘之事，然而世上所有叢林住民和所謂的原始部族都習以為常，熟知心電感應的神秘力量，並且多年來一直使用心電感應。坊間早有許多討論原始部族用心電感應的書籍，也有人說，如果文明地區的人認為原始部族不懂心電感應，那只是突顯出我們自己的無知而已。

現在再讓我們來看看貝先生對歐寶親近大自然的行為有何評論。

「這個女孩從小熱愛大自然，光是要概略描述她的性格，恐怕一本書也寫不完。她六歲時的日記有記載，她曾經向一棵名叫『米開朗基羅．拉斐爾』的大樹訴說秘密。她沒有人類朋友，她的朋友只有一隻烏鴉（克魯西烏姆國王『拉斯波瑟納』），還有她最疼愛的林鼠『湯瑪斯查特頓．朱比特宙斯』、牧羊犬『勇者赫拉修斯』、寵物豬『彼德．魯本思』，以及其他名字同樣具文藝氣息的動物。」

「青少年時期的歐寶不斷蒐集地質、昆蟲標本，她有滿滿一缸蟲蛹，觀察上帝如何賦予大自然神聖的生命力。真不知道她透過什麼方式、從哪兒得來這麼豐沛的自然知識，這個謎樣的小女孩甚至連高中都還沒畢業，就向奧勒岡大學申請入學；由於她的地質、天文、生物知識極為豐富，奧勒岡大學也接受了她的申請。」

貝先生和其他從小認識歐寶的人都說，歐寶確實是懷特利家的親生女兒，他們從沒聽人謠傳歐寶是領養的，也不相信有這種事。貝先生說，懷特利家的親友全是在《大西洋月刊》出版歐寶的日記以後，才頭一次聽說領養這回事。

我問貝先生，歐寶的生父懷特利先生對女兒宣稱自己是皇室血脈有何看法，貝先生告訴我，懷特利先生認為他的女兒被某些奸商利用了。

歐寶的神奇心智力量

日記出版後不久，歐寶偷偷離開美國，但她並非使用一般護照出境，她拿的是由美國國務卿和英國外交部長愛德華．葛雷爵士簽發的特別證件。歐寶為什麼能得到這種特別待遇，的確讓貝先生和所有認識她的人齊呼不可思議。但是，如果歐寶確實是美國人家的女兒，而非皇室血脈，那麼這一連串事件顯然是人類心靈產生神奇力量的明證，而這份力量，容我再重複一遍，我們仍知之甚少。

我寫作本書期間，歐寶已定居英國，不過早在幾年前，貝先生便已在某篇文章中指出：「根據確切消息指出，歐寶已獲得承認為印度公主，她在印度的身分正如她日記裡所說，是她的父親亨利．奧爾良之前有過一段婚姻，生下了她。」我問貝先生，如果歐寶確定不是皇室血脈，那該如何解釋她獲認為印度公主的事實？貝先生說他無法解釋。我又問，他是否認為這一切都是歐寶深刻、堅定不移的信念使然？

他回答說：「坦白說，我不知道。也許是，也許不是，因為我們還未深入探究心靈的力量，也不知道心靈的力量有多神通廣大。」

《大西洋月刊》的編輯賽吉克本人對這個怪女孩也有描述，賽吉克認為歐寶確實是懷特利家的孩子，她堅信自己擁有皇室血統乃純粹出於幻想。或許這真是幻想，但她最終還是成為印度公主，她也知道許多一般人無從得知的皇室秘密。這個來自奧勒岡、熱愛大自然的女孩究竟如何使夢想成真？賽吉克寫的專書《快樂職業》書中有一章特別提到歐寶的故事，他是這樣寫的：

關於這件事，我相信自己的推論。有位法裔美國人告訴我，他父親在一八七〇年普法戰爭時曾任部隊士官，波旁王朝的亨利．奧爾良王子就在部隊的指揮部任職。亨利王子晚年有過一趟橫越美國之旅，中途在奧勒岡短暫停留，拜訪舊時下屬。這段歷史是否為真，我無從分辨，但那位法裔美國人卻深信不疑，因為他記得小時候，亨利王子到過他家拜訪他父親。這位先生寫道，「我還坐在他腿上呢！」我相信他說的。

根據我的推論，皇室造訪奧勒岡小村可是大事，於是王子來訪這件事經過加油添醋，在整個伐木林區傳開。可能的情況是，孤單又富想像力的歐寶聽說了這件事，成天做白日夢，不停想像，每個小女孩內心都希望自己是灰姑娘，最後變成公主，於是在歐寶心裡，傳說逐漸變成真實，這個念頭年復一年在她心裡不斷滋長，最後終於佔滿她整個心思、幻想，以及整個人生。

這是我對歐寶童年時代的推論。多年後，歐寶的故事雖然證實為虛構，但我認為仍不減其傳奇性。歐寶在紐約和華盛頓結識過許多達官顯要，深獲眾人喜愛，頗受關照，但逐漸對那裡的生活感到厭煩，於是她跨海前往英國，繼續四處交友，並改信她「父王」的宗教，在牛津某天主教區安頓下來。

有一天，我聽到一個蠻震撼的消息。我年輕時認識的一位友人蘿西娜．艾美．薛伍德，她兒子在倫敦是劇作家，成名甚早。總之，蘿西娜寫信給我，告訴我一件她朋友親眼目睹的事，向我求證此事是否可信。她朋友表示，她親眼看見歐寶像公主一樣，坐在敞篷四輪馬車上，浩浩蕩蕩穿越印度北部阿拉哈巴德大城的街道，前方還有皇家騎兵為這位波旁王朝的公主殿下開道呢！這段故事確實可信，因為是真的，絕非臆測，我親自查證過了。

我先寫信給歐寶，沒想到她寄給我一疊她在印度的照片。照片裡的她坐在大象背上的轎子裡，正要出發去獵老虎。（順帶一提，波旁的亨利王子曾以一次獵到三十六隻老虎聞名於世，一想到歐寶唱著法文讚美詩讚頌他的戰果，我不禁失笑。）另外還有她在人群中的照片，周圍的人全部纏頭巾。不過照片是可以造假，有很多這樣的照片都是在好萊塢拍的，所以這些照片並未說服我。歐寶提到當時有兩個位高權重的大君出面款待她，於是我寫信給這兩位大君的朝臣，對方幾乎立刻回信了，信紙上還印有皇室紋章，兩位書記官都告訴我，大君特別命令他們寫明，能招待波旁王朝的公主殿下乃是莫大榮幸，而且為了迎接公主大駕光臨，皇室特別設宴款待。

但歐寶的神奇故事還沒結束。一位派駐在阿德夏的英國皇家陸軍中校主動寫信來，以十分不悅的措詞告訴我，他個人很榮幸奉命接待公主殿下，並且在皇家花園為她舉辦慶祝派對，她的大駕光臨使得整場宴會光彩奪目，可是，他感到氣憤的原因是，為什麼老是有人質疑她不是公主呢？

歐寶的故事有個略為悲傷的結局。歐寶隨著照片寄給我一本手札，但字裡行間已完全看不見早期那種具有感染力的迷人魅力，只剩下事實的描述。青年時期謎樣的晨露已然消失，在中年的烈日驕陽下，世間的一切顯得太過清晰。童話國度如今成了其他孩子的遊樂場，但遊樂場卻大門緊閉，歐寶被擋在門外。她有過她的夢想和憧憬，而那夢想都是真的。世上最真切的事，莫過於能讓孩子的心亮起來的故事了。

也許有讀者質疑這故事的真實性，但我句句屬實，而且事實顯然如賽吉克所言：寫下《歐寶日記》的那個孩子真心相信這些事全是真的，她很清楚這點。

歐寶．懷特利的驚奇故事能夠清楚證明，信念確實具有強大而神奇的力量。歐寶深信自己生來就是公主，後也真的獲得皇室承認，成為印度公主。

讓你的預言成真

從早期《聖經》記載的時代到我們所處的現代，每個時代都有預言家、神諭者、占卜師、占星家和算命師。以前擔任記者的時候，我以作風強硬出名，調查過不少自稱先知或預言家的人。雖然有些人一看就知道只是高明的江湖術士，但也有人唬得我一愣一愣的。顯然，很多人相信自己有能力預言未來，可是唯物論者一口咬定人萬萬不可能預測未來。至於我，曾花了幾年做研究，所以不會像唯物論者那樣篤定認為不可能，畢竟過去有些偉大的預言，也確實成真了呀。

儘管有許多人對占星家、預言家的能力嗤之以鼻，但同時也有很多人相信預言，包括現代許多重量級金融人士、政治家，甚至還有內閣閣員、演員以及其他各行各業的人，都是相信預言。暫不論我個人對「預言未來」這個能力有何看法，但我始終認為，預言本身並不重要，重要的是聽者相信了占星師或預言家的預言，才使得某些相關的事情發生。換言之，**預言家透過預言的方式，將暗示植入聽者的潛意識，潛意識**

就開始發揮作用，使暗示內容成眞。預言之所以成眞，結果終得以產生，全是因爲暗示的力量在運作。我相信，本書提到的所有例子皆是如此。

心意能夠相通

我想起老牌喜劇演員瑪麗．崔斯勒⑪，她逗人開懷大笑的次數遠勝過當代其他女演員。任何人只要看過《提利的噩夢》、《安妮號拖船》及其他舞台劇、電影，都難忘她獨特的性格。熟知她生平故事的讀者一定知道，早在瑪麗成為家喻戶曉的大明星之前，她的生活十分貧苦。有人說（先不論這個傳聞是否為真），瑪麗就是聽了一位占星家的建議和預言，後來才飛黃騰達、登上巔峰。

這讓我聯想到我親身經歷的一件奇事，發生時間就在崔斯勒女士過世前不久。在解釋這段經歷之前，先讓我這麼說，我堅信，當人與人之間擁有某種特定的思考模式，或者彼此的潛意識頻率相合，最後自然能心靈相通。

我寫完上一本小書《黃色炸藥：撼動地球的力量》這本小書後沒多久，突然閃過一個念頭：不知道世上的成功人士是否也曾用過我提到的那些技巧？於是我寫信給他們，請他們提供看法和評論，好驗證我的理論。

大概因為我是她的忠實影迷吧，所以我的第一封信就寫給瑪麗．崔斯勒。有天晚上，我在廣播裡聽到她的談話，馬上知道她的確掌握了一般人尋尋覓覓卻遍尋不著的某種「能力」；同時我也「知道」，如果我寫信給崔斯勒女士，她一定會回信的。

我把信件內容口述給秘書聽，他立刻斷言，崔斯勒女士即使收到信和我的書，也不會回信。我們倆甚至打了個小賭，後來我也跟其他幾個人打賭。（大家都知道，大明星極少親自回覆陌生人的來信，跟我打賭的人都是基於這個理由跟我賭的。）

雖然我有預感崔斯勒女士會馬上回信，但教我吃驚的是她的答覆與評論，尤其當我瞥見她隨信附來的支票——她要買二十本《黃色炸藥：撼動地球的力量》——我簡直目瞪口呆，她在信中寫道：

非常謝謝你。噢！這本書太棒了，如果能正確使用這套技巧，那就更棒了。我一邊看這本書，一邊回顧、對照我自己的人生，我很少這樣子，不過，看來我的人生應該是走對路了。

現在這位可敬的女士已離開人世，她的來信自然成為我最珍貴的收藏，因為在此之前，我未曾與如此偉大的女性通信。她全心全意投入工作，鼓舞世人，雖然她的人生有過不如意，也歷盡艱辛，但她仍奮鬥不懈，終而功成名就。

順帶一提，崔斯勒女士在信中提出兩個有趣的想法。

第一，耽溺或回想過去是沒有用的。顯然崔斯勒女士在過世前許多年便已悟出這個道理，她明瞭，要是心思被過去佔滿，就不可能全心思考未來。

第二，從她向我多訂幾本書這個舉動可以看出，她無時無刻想幫助別人。許多人助人只是出於同情和憐憫，但她明白好心有好報的道理；就算只是因為知道自己曾經幫助別人而感到滿足，也算是回報。

強大的心智力量

海倫．凱勒的名字無人不知，無人不曉，這位知名女性在我眼中是個奇蹟。全世界都知道，她一歲的時候就失去視覺、聽覺和說話能力，卻依然透過演講和文章著作，激勵、鼓舞成千上萬不便程度遠不及她的殘障人士。海倫．凱勒的人生故事令人著迷，她付出極大的努力學習說話，然後告訴世人，只要相信自己有能力做到，即使身體有殘障也能成功。

有趣的是，海倫．凱勒是受過堅信禮的史威登堡教會教徒。有些讀者可能知道，史威登堡是十八世紀初期舉世聞名的傳奇人物，這個人特立獨行，能預見未來，早就料到未來會有潛水艇、機關槍、飛行器，以及不用馬拉動、每小時能跑二十哩的車輛。

我不知道該不該稱史威登堡為通靈師（我們都知道這個詞所代表的意思），但他確實擁有超出常人所理解的能力，他堅信心靈的力量，他神遊、看見異象、做怪夢，而這些鐵定來自潛意識。

我們這個時代還有一位頗受爭議的傑出女性，許多人都聽過她的名字，因為曾有一部紅遍全球的電影即是描述她的生平，她是伊利莎白．肯尼修女⑫。一九四〇年，她帶著治療小兒痲痺的新點子從澳洲遠渡重洋來到美國，她在澳洲擔任護士期間，發現「熱水袋療法」，就是把熱水袋放在小兒痲痺患部治療，雖然這個方法遭到許多專業及非專業人士訕笑，但肯尼修女仍堅持（甚至有人說是強硬）執行這套方法，最後終於讓社會大眾注意到她與她的治療原理。在她的努力之下，明尼亞波里斯的肯尼修女復健中心也落成了。

各位只要仔細端詳肯尼修女的照片，一定可以在她飽經風霜的臉上看見強大的心智力量。她的行動力再加上能言善道的能力，終於使她排除萬難，獲得肯定。在她的家鄉，反對她的人無所不在，但她不屈不撓的堅持與努力，終於使她獲得美國醫界的肯定，在我們這個時代，很少有女性比她更具爭議了。

各位可以從任何跟肯尼修女有關的報導或傳聞發現，她全心全意相信自己的方法是正確的，就算世人詆毀她，她仍勇往直前。這位女士心懷理想、目標專一，堅信她的療法絕對有效，她是世人的典範，為世界各地許多小兒痲痺症患者帶來新希望。

一生都有活力

現在再來看看另一個故事，這個故事顯示女性到晚年依然能保持充沛活力。故事的主角是瑪莉．康佛斯船長。她曾在軍中服役，一九四七年初已是七十五歲高齡，擁有三萬四千哩的航海里程數，卻仍保持活力，經常出海去航行！

她生於波士頓，最早是跟後來早逝的丈夫學習開船，而當她還是領航員時，她就航遍了七大洋。一九三五年她取得二級領航執照，一九四〇年取得船長證書。先後約有兩千六百名海軍軍官曾在她的指導下學習航海技術，而她的心願，卻是能夠再度出航！

《美國女性風雲榜》從全國各地提名的三萬三千名企業家與職業婦女中，選出一萬兩百多名的佼佼者，簡介其生平，其中不乏年收入超過五萬美元的企業執行長，包括二十世紀極為有名的女企業家莉迪亞．平克漢⑬。也許現代女性並不熟悉這個人，但她在二十世紀初期可是響噹噹的人物，她研發的草藥複方產品至今仍廣受大眾喜愛。她單憑一個點子建立起一家大型企業，賺進數百萬美元，在所有女性中，她的事業成就可說是無人能出其右。

身為男性，我無從得知平克漢女士的草藥複方有何療效，但我記得小時候總會在家裡的藥櫃中看見一瓶該公司的產品。當年將廣告現代化的人正是平克漢女士和她的事業夥伴，平克漢女士可說是史上數一數二的廣告專家。今天許多廣告創意都是沿用自平克漢女士的點子，她把居家哲學融入廣告內，用感情來訴求，成功打動婦女消費者，不僅讓她的草藥複方創下數百萬銷售額，也讓該公司位於麻州林恩市的實驗室不斷收到無數熱情的感謝函，一連超過半個世紀之久。

這位成就驚人的女性再一次證實了，只要相信自己做得到，最後就一定會成功。她年輕的時候，坊間流行製作家庭藥方，她也漸漸迷上這個構想，開始在廚房實驗配方，時不時把成品送給生病的鄰居使用，如此過了好一陣子才想到可以把藥方製成產品賣錢，於是她開始推銷自己的藥方產品。

她跟其他許多創業新手一樣，也遭遇資金不足、遭人反對、製造與銷售不易等困難，但這位來自新英格蘭的女士毫不畏懼，她全家人也都感染了她強大的動力和熱情，全力支持，在生意上軌道之後，他們對她更是全力支持了。

數不清的見證人

在所有講述信念的書裡面，若是沒提到瑪麗．貝克．艾迪⑭的話，那就不夠完整了。艾迪女士是大型宗教團體「基督教科學會」的創辦人，各位都知道，艾迪女士受盡眾人貶抑、批鬥、惡意嘲笑，不過她抓住閃過腦海的靈感，寫出《科學與健康暨解經之鑰》一書，而成為有力的領導者，她的講道充滿無與倫比的堅定信念，而她活潑的個性也深深烙印在全球無數信仰者的心裡。據說，世上少有文字著述能像艾迪女士的著作一樣，對醫學和神學造成如此深遠的影響，基督教科學會本身則也是信念的力量另一明證。

♛

南丁格爾拯救過無數生命，貢獻卓著，將護理工作提升至廣受肯定的地位，世人將永遠感念她的付出。南丁格爾同樣是在年輕時就立定志向，一步步實現抱負與理想。她生來懷有照顧傷者病患的熱忱，雖然當時的人並不把「護理」當成專業來看待，她卻始終懷抱偉大的志向。

南丁格爾出身英國豪門，她卻沒有階級背景的觀念。剛開始，她在德國的弗利納護理學校刷走廊地板，接著她證明自己不只會刷地板，還會包紮傷口、鼓勵病患重燃希望。雖然她的一生不斷遭遇各種困難，但她堅信自己的天命與理想，無視任何阻礙。她痛恨偏執頑固的人，認為人並不因為宗教信仰、膚色而有所分別，人人皆有權利得到應有的照顧，要是有人惹她生氣，她可絕不會辯輸給對方。

克里米亞戰爭期間，英國戰爭部裡面每個人都取笑南丁格爾，預測她的護理任務注定失敗。然而這些人就算百般不情願，也只能順著這位「個性乖戾」的女子。南丁格爾自掏腰包組成護理遠征隊，帶她們來到前線，雖然負責管理醫院的軍官不想讓女性干擾他們工作，但南丁格爾硬是插手。在這位現代護理工作開山鼻祖的帶領下，這群女士最後接管了醫院所有的照護工作。駐留克里米亞期間，她用鐵一般的意志力對抗反對她的、如石牆般的頑固勢力，兩方對峙總有一敗，這回倒的是石牆。

英國不少重量級政治人物頻頻揶揄這位奇女子的工作，無所不用其極，百般阻撓她推動改革，但她充滿熱情的書信終於喚醒國人，使她獲得眾人景仰。據說南丁格爾八十二歲那年生病了，護士照料她躺好休息，結果她又下床送護士上床休息，幫她蓋好棉被。在她九十歲去世前不久，朋友問她清不清楚現在人在哪裡，結果她回答：「我在幫遭到謀殺的人守靈，我要為他們伸張正義。」

♛

談到烈士，一般人大多會想到許多為了維護信念而殉難、被釘死在十字架上，以及入獄坐牢的男性。但各位別忘了，從受火刑而死的聖女貞德，到近代為了爭取女權而被捕下獄的女性，歷史上有許多傑出女性和男性一樣，曾經為了堅持信念而受盡磨難。

這一代的年輕人可能沒聽過凱莉．納遜⑮的大名，甚至許多老一輩的人也逐漸淡忘這個名字，然而，在十九、二十世紀之交，凱莉．納遜可說是當時最偉大的女烈士。納遜女士深信自己生來肩負「消滅酒館的使命」，於是，她從居住的堪薩斯州開始，全力阻止私酒販賣，在其他追隨者的協助之下，納遜女士透過公開呼籲，成功讓州內許多非法酒吧關門大吉。

後來她發現此法成效太慢，於是乾脆掄起小斧頭，敲碎酒瓶和啤酒桶，破壞酒吧設施。儘管她受盡眾人恥笑、經常入獄，但因為她堅決相信自己的行為是出於正當公義，所以她欣然承受苦難的命運。

各位想必聽過莎拉．本哈特⑯的故事。她的脾氣可比母老虎，但她卻被封為史上最偉大、演出最感人的女演員。登台初期，本哈特女士遭遇數不清的挫折，但她一心想出人頭地，最後也當真辦到了。她二十四歲成名，抽雪茄、喝烈酒，個性難以捉摸，也非常特立獨行，有時會走進墓園坐在墓碑上，彷彿在為死者哀悼。莎拉．本哈特看似從不在乎別人的看法，但她其實喜歡別人評論她。雖然她晚年必須靠義肢行走，她依然沒有放棄舞台工作，因為沒有任何事能動搖她畢生的信念：她始終相信自己是出類拔萃的女演員。她的確一直都是，直到一九二三年去世為止。

♛

衝勁十足的舒蔓海茵克夫人⑰用她的人生證明了，只要啟動心智的力量就能實現信念。她原籍奧地利，年紀輕輕便立定志向，要為世人獻上美妙的嗓音，並在十五歲那年成為歌劇演唱家。她成名於歐陸，然而來到美國之後，她才真正實現了心中渴望已久的夢想。雖曾多次心碎，遭遇極大困難，舒蔓海茵克夫人始終微笑以對，度過難關。

一次大戰時，舒蔓海茵克夫人的長子投入德皇威廉二世麾下，另外四個兒子卻加入了英美的陣營。許多人曾聽她用略帶德文口音的歌聲，莊嚴演唱美國國歌，感動到脫帽致敬，潸然淚下。透過全國電台聯播，無人不識她的歌聲，人人敬愛她，因為她擁有一種幾乎每個人都有、卻鮮少激發出來的基本特質：永不放棄。七十二歲那年，她被封為瑪麗．崔斯勒的接班人，然而這位偉大演唱家的人生卻在此時落幕了。

♛

凡是聽過瑪麗安．安德森⑱低沉美聲的人，無不深受感動並為之著迷，然而很少人知道，這位偉大藝術家出身寒微。她在六歲那年想要一把小提琴，那時候小小年紀的她就知道去費城刷門階，賺個五分錢、十分錢。要說有哪位女性心懷夢想並堅信夢想一定成真，瑪麗安．安德森絕對是其中一人。她登上舉世知名的地位，仍必須克服許多阻礙和歧視，在美國尤其如此，她的成功堪稱音樂史上最戲劇化的傳奇。

一九三九年復活節，這位出身低微的黑人女孩站在華盛頓特區的林肯紀念碑前演唱，聽眾包含內閣閣員、參議員、眾議員，以及多位企業、社會知名人士，還有七萬五千名聽眾，人人如痴如狂，陶醉不已。如果各位有機會讀完瑪麗安．安德森的故事，一定會相信她的成功來自信念，而潛意識則是激勵她向上的重要泉源。

♛

我下面要說的是一位知名女演員的故事，她認為自己的成功可以直接歸功於潛意識的力量。安潔拉．蘭絲貝瑞⑲是著名的電影明星，她在接受《成就誌》雜誌專訪時提到自己的信念，報導中說：

安潔拉．蘭絲貝瑞是一顆耀眼的螢幕新星，不僅演技精湛，美麗動人，還是個冰雪聰明的女孩。從《煤氣燈》唯妙唯肖的女僕，到《玉女神駒》迷人開朗的少女，還有《格雷的畫像》的咖啡廳悲情歌手，她都詮釋得絲絲入扣，無數喜歡電影的觀眾對這位金髮美女越來越熟悉了。

想詮釋如此多變的角色，演員必須具備美貌與智慧，而安潔拉兩者兼備。

趁著她拍片工作的空檔，她暢談她最喜愛的主題——相信自己的命運。

「啊呀，」她說：「我的意思不是指什麼奇特、神祕難解的理論，也許用『相信潛意識的力量』會比較妥當，我認為我已經學會運用潛意識的資源了。大家都知道，一般不常用的能力、記憶、天賦都存在潛意識裡面……唔，我想說的是，一旦學會運用潛意識的力量，成就將無可限量。」

安潔拉是自己學會這套自我暗示技巧的。從她選擇表演為職業開始，她時時在心裡想像自己渴望達成的目標，偶爾還會把渴望的目標寫下來。顯然她懂得利用這個裝滿創意材料、但一般人卻不太會用的儲藏寶庫，人的天份就藏在潛意識之下，一旦徹底瞭解潛意識，潛意識便能以各種形式超越意識，激發內心的力量。

那她又是如何運用潛意識的呢？「方法真的很簡單。如果你一遍又一遍、不斷告訴自己你擁有無限的創造力，那麼你就真的能發揮無邊無際的創造力。坦白說，我相信這是真的。不論智慧也好，創造力也罷，不管這股力量是什麼，都確實存在於這個世界上，就像……就像陽光或空氣這樣。重要的是，這份力量並不專屬於我，力量就等在我們身旁，等待所有懂得運用的人好好發揮和運用。」

「但這可不是什麼保證必勝的成功祕訣，」她強調：「運用潛意識並不表示你就不用努力了，你還是得全心投入，讓自己的表現更完美。不論是表演、畫畫或者做設計，都必須不斷磨練技巧、增強技能，等到表現的機會找上門，召喚潛意識展現力量的時機到來，你就能夠大大展現和詮釋你豐沛的創造力。」

每天晚上要睡覺前，她都會告訴自己：「明天的我一定要比今天更好。」她認為，這樣一來，不論你向潛意識下達什麼指令，你具備的所有能力、學到的一切經驗、甚至包含你忘記但曾經知道的知識，都將為你所用。

這位知名的女明星說：「千萬別忘了，如果能在心裡想像渴望達成的畫面，效果會更好。比方說，假如你要參加試鏡，你得想像自己比其他試鏡者詮釋得更好，拚命想像自己是最棒、最優秀的，想像自己是最佳演員的化身，在心裡認定自己是最好的，等你真正上場試演時，你會發現（而且多半都會很驚訝發現），你的表現比你瞭解的還要好。」

「我認為表演能力很強的人，都有一個特質，那就是運用潛意識。潛意識喜歡表演，喜歡唱歌、畫畫，喜歡力求表現，潛意識喜歡超越期待，所以你的責任就是給予潛意識表現機會，讓潛意識成為自己成功的最佳幕後推手……」

另一個例子，可能也是最特殊的一個，是《湯姆叔叔的小屋》這部名著的誕生過程。各位應該記得，這個故事的作者是一位弱不禁風的女士——哈麗葉·貝契·史托⑳，但她已永遠名留美國歷史。

一八五〇年，史托女士鄭重宣誓，她要寫一本書，「讓全國人都能感受到奴隸制度有多可怕」。起初她試了兩個月，苦無靈感，一八五一年二月，她在大學教堂參加領聖餐儀式時，心頭突然閃過湯姆叔叔和他死去的畫面。據說，史托女士回到家時早已淚流滿面；她寫下湯姆叔叔死去那一幕，並且唸給家人聽，她的家人也都哭了。

為了取得真實史料，史托女士做了許多研究，但是等到她終於開始動筆寫的時候，她發現自己根本不需要這些資料，因為故事早已深深縈繞心頭，自動化為文字從筆端流出。遺忘許久的記憶與相片般的畫面自潛意識湧現，自動按照正確順序排列在紙上。故事情節與背景並非史托女士空想出來的，而是她親眼所見。在當時，一般人對潛意識所知甚少，但顯然這個故事是從潛意識裡冒出來的。許多人認為美國內戰乃是因這個故事而起，不過史托女士直到臨終依然堅稱，那本書的作者不是她，是上帝。

♛

史上赫赫有名的女性多不勝數，包括作家勃朗特三姐妹、詩人伊利莎白・布朗寧、婦權領袖蘇珊・安東尼㉑、女將軍伊凡潔琳・布斯㉒、諾貝爾和平獎得主珍・亞當斯㉓等等。還有三名中國女性也可能名留青史，因為她們影響了數百萬中國人的命運。她們是著名的宋家三姐妹，其中以蔣介石夫人最為有名，另外兩位姊妹的夫婿則分別是孔祥熙博士與孫逸仙博士。

談到當代懷抱遠大志向的女性，各位一定都知道威克斯夫人㉔的故事。威克斯夫人的母親是已故名人海蒂．格林女士，格林女士累積了高達六千七百萬美元的財富，她的女兒威克斯夫人繼承母業，在二十世紀初期躋身全球首富之列。

接下來則是一個可稱是乞丐變富翁的真人故事。維拉．妮曼用一個點子、一個浴缸和十五塊美元創業，有家藥廠出價百萬美金收購她的事業，但是她婉拒了。

一九二〇年她嫁給夫婿博納德時，堅信兩人總有一天能賺到百萬美元的財富，她花了二十七年終於達到這個目標。

早年妮曼女士挨家挨戶按鈴兜售清潔液，每晚在家調配化學品，最後配出一種可清潔油漆表面、清潔力達九成以上的配方。現在全球無數家庭主婦都熟知她發明的這項產品，光是在一九四七這一年，產品的年銷售額就高達兩百五十萬美元。妮曼女士天天親自致電消費者，多年來和五萬多名家庭主婦見過面，她瞭解遭遇挫折的感受，但她堅信靠自己的力量一定會賺到百萬美元，這個信念未曾動搖。

《美國女性風雲榜》記錄了許多女性的成功故事，從頂尖主管、作家到職業婦女都有，即使在二十世紀中期，她們的年收入就已經從兩萬五千美元到十萬美元不等。

例如其中有一位紐奧良的喬治・吉默，但大家更熟悉的是她另一個名字：桃樂思・笛絲，她是當時最著名的失戀諮商師，據說她每年收入超過七百五十萬美元。另一位是瑪麗・貝爾，她是費城殯葬業奧立佛貝爾公司總裁，還有一位不能不提，她是海倫納・魯本思坦，擁有一家知名化妝品製造公司，收入極為可觀。

女性的成功故事多不勝數。布魯克林區的天然氣公司總裁瑪莉・狄倫，剛開始只是週薪六美元的小助理，現在該公司歸她統籌領導。芝加哥的歐拉・史奈德在三十五年前靠著五分錢資本成立糖果公司，現在不僅已有固定的合作商家，市值甚至一度超過百萬美元。另外還有艾西迪庭院設計公司總裁愛莉絲・福特・道格拉斯以及許多女性，她們如其他男性一樣創立大公司，負責經營。

如果要說起女性在電台或電影產業擔任藝術家、作家或主管而成名致富的故事，大概可以寫出一本書。各位一定聽過瑪莉・畢克馥的名字，她不僅是廣受喜愛的電影明星，同時也是電影公司主管。

柏莎・布藍納在全國廣播網任職導播多年，當年是廣播界薪資最高的女主管，她之所以有此身價，是因為她想出製作專題節目這個點子，一九二二年她第一次提出節目企劃，報酬才五十美元。

愛蜜莉亞・埃爾哈特㉕是鼎鼎大名的美國飛行員，全球無人不知她的故事，可惜她在南太平洋墜機失蹤。她在擔任教師與社工時開始對飛行感興趣，後來成為美國最偉大的飛行員，也是第一位駕機飛越大西洋的女性飛行員。一九三一年，她獨自飛越大西洋，四年後再度一人駕機越過太平洋，從檀香山飛抵加州。

曾有一位作家寫道，美國男性大多不相信女性能與他們並駕齊驅，但如果各位翻閱歷史記錄就能發現，各行各業都有大量成就卓越的女性。

現在再介紹一位不僅兼顧家庭與事業，且兩方面皆極有成就的女性。四十多年來，瑪麗．羅勃茲．萊茵哈特不斷推出讓全球驚悚小說迷心驚膽顫的小說，萊茵哈特之所以寫小說，是因為她行醫的丈夫投資股票慘賠，所以她必須賺錢貼補家用，於是她一邊寫下精彩小說，為她賺進千萬美元，一邊照顧寶寶、打理家務。

自創白馬王子

許多女性對工作抱持極大的熱情，希望能找到願意支持她的男性，不願隨便嫁人，所以維持單身。不過，既然男性可以利用「創造思維」達成目標，女性當然也可以在心中描繪理想的男性另一伴，讓他現身真實世界。換言之，若單身女性能觀想到自己心目中理想的男性，持之以恆想像他的模樣，那麼根據信念的法則，一定能將心靈圖像的畫面化為實體。

也許有些女性讀者會認為這麼做聽起來挺笨的，但或許是我運氣好吧，我曾經教許多女性使用這套方法，成果也極好。因此，如果單身女性讀者一心渴望生活中出現某特定類型的男子，並成功與他結婚，那麼只要想像此人的模樣（不一定要具體設想他的身材外型），就算只是個抽象概念也好，將妳期望此人擁有的特質投射在自己心上，有朝一日，妳一定會遇見這樣的男性。

我認為，現代女性一旦下定決心，最後一定總會找到方法達成目標。機會無所不在，這點毋庸置疑。事實上，以前不曾有過哪個時代像我們所處的這個時代，對女性而言有許多各種的機會，過去曾有部分領域僅限男性參與，但現在女性也有機會加入了。不管在科學、藝術、新聞、廣告、政府單位及其他許多行業都能見到女性的身影，她們工作能力出色，專業知識豐富，很清楚自己擁有新的機會和新的職責。

現代女性和男性接受相同的教育，具備科學知識，而她們的意識心靈與邏輯推理也同樣有所發展。其實女性才是運用潛意識的專家，只不過她們始終以為那只是女性的直覺罷了。我要強調的是，潛意識遠非直覺可比擬，潛意識蘊涵極大的力量，不論男女都能運用這股源源不絕的力量，為眾人謀福利。誠如我先前提到的，人必須要有信念，才能將渴望想要完成的目標想法傳送至潛意識，潛意識接收到訊息後會展開行動，實現渴望，獲得美好的結果。

我認為現代女性有一項優勢，也可以說是雙重心理優勢，那就是女性生來就能靈活運用潛意識。在我看來，女性正因為擁有如此雙重的心理優勢，才能在男性主導的世界中快速站穩腳步。此外，這份優勢不僅讓女性走出傳統家庭生活，也讓她們進入現實世界，擴展人際與實務視野，客觀看待、透徹理解這個世界。甚至，這種轉變也讓家庭主婦更瞭解丈夫的工作，更瞭解孩子的學校生活與將來的職業發展。

我之所以寫這本書，主要是想證明人人都有能力開發這信念的力量，而力量的種子就藏在每個人的潛意識中。這股力量能讓各位得到一心想望的事物，或者增加自我能力與價值。讓潛意識與意識結合，相輔相成，這套新方法一定能滿足各位的迫切需要，讓生活更快樂、更幸福；不僅如此，這套新方法也能讓各位活到老、學到老，持續開發個人能力，持續成長。

切記，潛意識不僅僅只是直覺，更是儲存強大力量與無限資源的寶庫，你越常取用這些資源，就有更多源源不絕的資源供你使用。另外也別忘了，潛意識是永恆的，永遠不會老也不會累，所以一輩子都受用。我們唯一需要的是信念的力量，虔誠、堅定、全心全意相信。一旦潛意識接收到你的訊息，理解你的渴望和抱負，不久後它就能滿足你的渴望，實現你的抱負。前面幾章提到許多運用信念力量並功成名就的男士，但我想特別對女性讀者強調的是，女性也同樣擁有意識、潛意識兩種心靈智慧，透過這兩種心靈智慧，女性也能像男性一樣有所成就。重點在於各位必須依循本書闡述的原理，懷抱信念並善用意識與潛意識的力量。信念真的具有強大的力量，世上許多成功卓越人士的案例都印證了這點，所以只要你願意相信，信念就能帶來奇蹟。

---

①陸軍婦女服務隊（Women's Army Corps, WAC）成立於一九四三年，是因應男性軍人不足而產生的正規軍隊。婦女志願緊急救難隊（Women Accepted for Volunteer Emergency Service, WAVES）成立於一九四二年，招募婦女協助駐守在海岸據點。美國海岸防衛隊婦女預備隊（Semper Paratus "Always Prepared", SPARS）成立於一九四二年，主要是在戰時讓婦女協助執行國內任務。

②葛瑞絲．摩爾（Grace Moore, 1898–1947）是美國知名歌劇女高音。

③愛倫．威金森（Ellen Wilkinson, 1891–1947）是英國政治家，英國首位進入國會殿堂的女性。

④瑪莉亞．尤金妮皇后（Eugénie de Montijo, 1826–1920）是法蘭西第二帝國末代皇帝拿破崙三世的皇后，出生於西班牙，二十七歲時嫁到法國，晚年回西班牙探親時過世。

⑤歐寶．懷特利（Opal Whiteley, 1897–1992）是美國作家，曾出版自然學作品《人間仙境》（The Fairyland Around Us），以及集結她的童年日記出版的《會心日誌》（The Story of Opal: Journal of an Understanding Heart）。

⑥奧爾良亨利王子（Prince Henri d'Orléans, 1867–1901）是法國波旁王室成員，奉命前往東南亞地區探險，後來不幸在印度過世。（有一說是在越南西貢。）

⑦阿佛烈．鮑爾斯（Alfred Powers, 1888–1984）是美國教育學者，同時也是作家，曾編纂《奧勒岡文學史》（History of Oregon Literature）一書。

⑧艾伯特．貝（Elbert Bede, 1882–1967）是美國作家及文學評論家，曾擔任《奧勒岡石匠報》（Oregon Mason）主編。

⑨艾勒利．賽吉克（Ellery Sedgwick, 1872–1960）是美國編輯，擔任過多家雜誌社編輯，包括《大西洋月刊》（Atlantic Monthly）。

⑩金妮．史傳頓．波特（Gene Stratton-Porter, 1863–1924）是美國作家，同時也是自然學家。

⑪瑪麗．崔斯勒（Marie Dressler, 1868–1934）是加拿大裔的美國演員，曾於一九三一年獲奧斯卡最佳女主角獎，代表作有《提利的噩夢》（Tillie's Nightmare）和《拖船安妮號》（Tugboat Annie）等。

⑫伊麗莎白．肯尼（Elizabeth Kenny, 1880–1952）出生於澳洲，雖未受過正統訓練，但一生投入醫護事業，並創立「肯尼修女復健中心」（Sister Kenny Rehabilitation Institute）。

⑬莉迪亞．平克漢（Lydia E. Pinkham, 1819–1883）是美國具代表性的女性商人。

⑭瑪麗．貝克．艾迪（Mary Baker Eddy, 1821–1910）是美國基督教科學會的創辦人，提倡利用信仰的力量自我療癒，著有《科學與健康—附解經之鑰》（Science and Health with Keys to the Scriptures）一書，是基督教科學會的教科書。

⑮凱莉．納遜（Carrie Amelia Moore Nation, 1846–1911）是美國十九世紀禁酒運動的活躍份子。

⑯莎拉．本哈特（Sarah Bernhardt, 1844–1923）是法國女演員，參與舞台劇和電影演出。

⑰爾妮絲汀．舒蔓海茵克（Ernestine Schumann-Heink, 1861–1936）是澳地利出身的知名女低音，後來移居美國。

⑱瑪麗安．安德森（Marian Anderson, 1897–1993）是非裔美國女低音，也是二十世紀極負盛名的歌手。

⑲安潔拉．蘭絲貝瑞（Angela Lansbury, 1925–）是英國女演員，到美國發展後非常成功，曾多次獲得音樂劇東尼獎，也參與電影演出，代表作包括《煤氣燈》（Gaslight）、《玉女神駒》（National Velvet）、《格雷的畫像》（The Picture of Dorian Gray）等等。

⑳哈麗葉．貝契．史托（Harriet Beecher Stowe, 1811–1896）是美國作家，最知名的作品是廢奴主義代表作《湯姆叔叔的小屋》（Uncle Tom's Cabin）。

㉑蘇珊．安東尼（Susan B. Anthony, 1820 - 1906）是十九世紀美國婦女爭取投票權的關鍵人物。

㉒伊凡潔琳．布斯（Evangeline Booth, 1865 - 1950）是基督教組織「救世軍」的首任女將軍。

㉓珍．亞當斯（Jane Addams, 1860 - 1935），美國女權運動、社區運動的知名人物，於一九三一年間榮獲諾貝爾和平獎，也是第一位獲得此殊榮的美國女性。

㉔威克斯夫人本名為哈莉葉．希薇亞．威克斯（Harriet Sylvia Ann Howland Green Wilks, 1871–1951），是美國史上最富有的女性之一，她的母親是美國知名女商人海蒂．格林（Hetty Green, 1834–1916），也是美國知名的商場女強人。

㉕愛蜜莉亞．埃爾哈特（Amelia Mary Earhart, 1897–1937失蹤，1939認定死亡）是美國史上知名的女性飛行員，她是第一個獲得飛行優異十字勳章的女性，第一位獨自飛越大西洋的女性，一九三七年嘗試環球飛行時在太平洋上空失蹤，讓她的生平更加傳奇。

第九章

有信念就心想事成

一九四四年間有本廣受大眾喜愛的雜誌刊登了一篇文章，報導芝加哥的科學家用蛾作實驗的故事。科學家們把一隻雌蛾放在房間裡，然後在四哩外放出一隻雄蛾，幾個小時之後，雄蛾已經飛抵雌蛾窗前，頻頻振翅敲擊著窗戶。

雜誌的編輯者相信，信念可以穿過重重阻礙，準確傳遞給你想要傳遞的對象，這跟雌蛾把自己的位置告知雄蛾是同樣的道理。

以下這個實驗或許可以讓各位讀者思考一下，鳥類是否具有透視（千里眼）或心電感應的能力。在鳥類較少出沒的季節，放些麵包屑在後院，雖然起先看不見半隻小鳥前來光顧，但說不定你還沒走回屋子裡，鳥兒就出現了。首先來的大概會是麻雀和鶺鴒，然後是知更鳥，不到兩三分鐘，整個後院都是鳥。不過，要是你放的不是食物，那麼就無法吸引到任何鳥兒前來。到底是什麼因素吸引這些鳥兒前來造訪？鳥兒又是如何得知這裡有食物等著牠們享用？科學家無法解答這些問題。

一九四七年二月十七日，艾德溫·希爾①在廣播節目談到蝴蝶時表示，科學家越是深入研究，就越相信鳥和昆蟲擁有獨特的溝通方式，可能是一種無線電波或其他肉眼看不見的形式。自然學者早就提出這種理論了。事實上，目前已有許多書籍討論這方面的主題，其中較有名的是威廉·隆格②的《動物如何說話》。

有趣的是，二戰期間，美國陸軍通訊部隊曾用信鴿和短波無線電做實驗。實驗發現信鴿會受到無線電干擾，常因此搞不清方向，會兜圈子迷路。

每年十月二十三日，加州有個城市的燕子會集體起飛，翌年三月十九日再飛回來，往返日期始終精準不變。科學家們曾在美國西北部的哥倫比亞河的不同地點，野放已做標記的鮭魚，四年後，這些鮭魚就會從太平洋游回原本的野放地點。我們也常聽到，貓、狗被帶到遠方之後，卻自行返家的故事。野鴨、野鵝也總是能飛回原本的棲地。這類無法解釋的現象多到不勝枚舉，各位難道不會認為魚、鳥、動物界以至我們周遭的所有事物，說不定到處有輻射波或心電感應在作用嗎？有些作者認為，每種生物都有各自的溝通方式，若從目前科學界的研究來看，要採信這個說法應該不難。

有些人可能聽過所謂「顏面視覺」的經驗，也就是指視障人士透過第六感或「心靈雷達」，藉著這種顏面視覺來探測路面的狀況。波士頓心理學家雅各·勒凡博士曾任康乃狄克州雅方區老農場學校校長，他於二次大戰後在校園內教導盲眼的退伍軍人學習運用第六感。勒凡博士說，他無法解釋第六感的作用機制，但他知道這個方法確實有用。「顏面視覺」的假設是，人體會發射多種未知但明確存在的輻射線，這種輻射線與前方物體接觸後能重組聚合，構成物體的畫面，接著再將這幅畫面帶回盲者的面前。這些輻射線傳遞到盲者身體，盲者感應到之後，便可察覺物體的畫面。

你的超能力在哪裡？

長久以來我始終相信，我們在日常生活中經常使用各式心電感應或思想傳遞方式，使用程度遠遠超過一般人的想像。同時我也相信，許多偉大領袖、佈道家、演說家、企業主管和所謂的超級業務員，他們幾乎都曾有意無意運用心電感應的力量，只是程度各異。我們與人初次見面時，對方還沒開口說話，我們便已知道自己喜不喜歡這個人。如果不是因為思想傳遞的作用，我們又怎會冒出這種感覺？先前我曾說過，只有一種解釋能說明隔空治療和遠距影響他人思維，那就是心電感應。但人類到目前為止，也才剛剛要開始建立這方面的科學理論。

心電感應法

走筆至此，我想起一位著名的律師。以前我常坐在他的辦公室，聽他口述商業信函，我對他的這個過程很感興趣，因為他在口述時，習慣在辦公室裡走來走去，神情顯得非常專注。

有一次我問他為何一定要站著口述，還有他為什麼能夠清楚將每一封信的內容完整交代完畢。他回答：「首先，我站著的時候腦筋比較清楚。開始口述前以及整個口述過程中，我會想像收信的對象就在我眼前。假如我不認識這個人，我也會想像他的長相。不管我認不認識對方，我都假裝他就在我眼前，然後把我的想法和想說的話直接告訴他。我會在心裡對他說：『我的論點沒有問題，你該聽我的才對』。」

有位很會賣書的女店員告訴我，假如她很確定顧客有錢，也想買書，卻猶豫不知該買哪一本的時候，她會先選定適合顧客的書，然後在心裡不斷默念書名，將意念傳送給客人。她還說，她靠這份意念引導力賣出好多書。另外也有一位汽車業務主管告訴我，當他知道眼前的客戶有錢買車，他一定會在心裡默念：「買這輛車，買這輛車。」結果總是跟他的預期完全相符。

我發現，一般人不太相信自己在購物或做事時，會受到別人無聲的思維所影響。但事實是，心電感應也好，或其他任何類似的名稱也好，我們每個人確實會被這股微妙的力量所影響。這股看不見的力量的確存在，並且這股力量強大又有效。

我確信母親會對孩子使用心電感應，孩子同樣也會對父母施展這股力量，就連夫妻也經常透過心電感應溝通，只是雙方都不曉得罷了。若夫妻彼此心意相通，心電感應的力量尤其明顯。若讀者已婚、卻還未用過這股力量，那麼就可以探索這個新領域了。

幾年前，我注意到一個頗令人訝異的案例，這個案例能證明這種微妙的力量確實能發揮效用。我輔導的某家公司總裁不太滿意他的業務經理，礙於對方在公司服務多年，他沒辦法開除對方。「當時我實在想不出辦法了，」他告訴我：「就在這個時候，我突然有個點子，我想到我可以在心裡送出暗示，暗示他自動辭去主管職，轉跑外務。有天晚上，我想著這個念頭，前後想了好幾個鐘頭，結果隔天他真的走進我辦公室，告訴我說他想辭去經理職務，轉任第一線的業務工作，因為這樣可以多賺點錢。我一聽差點沒從椅子上摔下來。我不知道把暗示用在這種事情上到底對不對，但我問心無愧。因為他現在的收入比當業務經理時還要多出一倍，而且人也比以前快樂多了。現在我們倆都對工作充滿幹勁呢！」

思維敲門法

關於這一點，我又想到另一個故事，主人翁是一對夫妻。這對夫妻來找我，先生告訴我說，幾個月前他還是中西部地區某大成衣廠的老闆，但現在把廠賣了，在國內四處遊歷。

他說，過去三十年來，他一直是某個秘密組織的成員，這個組織歷史悠久，徹底信奉「信念」的力量，只是他自己從來不曾敞開心房接受信念這個真理，也完全不明白其中的真義。

幾年前，他參加幾場以心靈控制為主題的演講，頭一次開了眼界，才發現原來世上竟然有如此神奇的力量，能讓人隨心所欲做自己想做的事。

他知道這個方法一定能為公司帶來驚人的好處，於是就把信念的力量用在他的公司裡。才剛開始嘗試沒多久，公司的生意越來越好，自此一路蒸蒸日上。大蕭條期間，許多像他們這樣規模的成衣廠大多慘澹經營，但他們公司卻一直在賺錢，於是他把手上的股份賣掉，狠狠大賺了一筆。

這時他的妻子插嘴說：「我比我先生還早接觸『信念』這回事。以前我提到信念力量的時候，雖然他不會在別人面前取笑我，但他會想辦法讓我知道，我在浪費時間，可是我很清楚這裡面一定有什麼道理，而且我敢肯定，要是他懂得這個奧秘，事業一定會更好。我勸他去上課，勸到我都累了，後來我才發現自己錯了：與其這樣苦口婆心勸他，何不用我學到的技巧？於是我決定讓他嚐嚐信念的厲害。我和女兒每天都在心裡默念好幾遍『爸爸會去上課，爸爸會去上課』；我們倆這樣念了大概快三個禮拜，結果他真的去聽演講了。」

這時換丈夫插話：「說到這個思維的傳遞法，我必須承認她這個方法是用對了。她第一次跟我說她在演講聽到的內容時，我完全不相信有這種事。我天天在非常現實的商業世界打滾，才不相信那種『抽象』的理論。後來有一天突然有股力量促使我主動陪太太去聽演講，當時我並不知道這股『力量』正是我太太的心靈暗示，更不知道她和女兒在對我『施法』。聽完第一場演講後，我自己按照信念的力量做了實驗，結果工廠生意立刻有起色，而且越來越好，直到我賣掉股份的那一天，業績都還在成長呢。」

這兩位夫婦向我強調，他們「不是在傳教，也不是在空口說白話，但信念的確是貨真價實的事」。他們說，不論我們想什麼、計畫什麼，都可能會成真，我們會把自己的想法傳遞出去，也許我們完全沒意識到這件事，但卻會進而影響別人。

例如，我們把心裡厭惡、仇視他人的振波發送出去，結果呢？噹！這些振波會反彈回來，擊倒我們。各位只要好好研究一下因果循環，很快就能理解這些道理了。

我們一直認為，思維是一種看不見的強大影響力，實際上也真是如此。能聊這個話題的人實在不多，一般人大多對信念一無所知，每次提到這類話題，他們總是疑惑地看著你。我相信不久之後，大家一定會經常聽見有人在討論思維、信念，因為已經有許多受啟發的人體認到，應該要好好發展這個力量，而且有這種想法的人正在急遽增加。

我常納悶，為什麼有這麼多生意人不懂這個道理，也不會把它應用在事業上。他們大概都跟以前的我一樣，把心門關得緊緊的，而且他們身邊沒有人像那位太太那樣，肯花心思「施法」。其實你只要相信就是了，誠心誠意相信我們的心靈確實擁有力量，並且有意識地經常運用這套方法。任何人只要一開始跟潛意識搭上線，不論是跟自己的潛意識也好，接上他人的潛意識也罷，所有成就的因素就會自動到位，好像有人施了魔法一樣。

思維傳遞法

艾佛列．帕克是美國西北地區極受敬重的保險經理人。帕克先生同意我引用他一九三七年給我的來信，他在信中提到如何運用信念的力量。我不知道帕克先生對心電感應有沒有興趣，但我肯定，他打從心裡相信信念的力量。他的來信就是最好的證明：

最近我剛好有機會練習你說過的「思維傳遞法」。事情是這樣的：我非常愛我兒子，他是我眼中的小太陽。不過，一九三六年十二月二十九日那天，他突然染上一種怪病，連續好幾天躺在醫院裡，病情十分嚴重，醫生說情況很不樂觀。我雖然悲痛，還是強打起精神面對現實。

我使用你的方法，在桌上和皮夾裡各擺了一張他的照片，無時無刻不把照片拿出來看，對著照片說：「你會好起來，你會好起來。」起初我覺得我只是在欺騙自己，因為他看起來幾乎不可能康復了，但我不斷重複，而且發現我越來越相信我對自己說的話。

剛好就在那個時候，我兒子的情況真的開始好轉；當然，這也多虧了現代醫學的進步、醫護人員的照顧，還有幾位慷慨輸血給他的朋友。現在他已經出院回家，體力恢復得很快。也許這整件事只是巧合：原本無意義的話語轉為信念的同時，他的病情也碰巧開始好轉；但這種巧合仍值得一提。

一定有人曾經有過這樣的經驗：走進漆黑的房間，雖然裡面沒人開口說話，剛進房間的那個人卻能感覺到房裡有人。顯然，除了隱藏在黑暗中的人發出振波，通知另一人他的存在，否則不可能有其他解釋。這算是心電感應的證據嗎？各位又怎麼看待這樣的事情呢？如果已經在房裡的那人，在第二人進入房間時，心裡想著跟自己完全無關的事，完全不去想自己可能會被發現，也許後來進來的人就不會感應到他的存在了。許多人應該都有過「說曹操，曹操就到」的經驗，或者才想起某人，沒多久便聽聞他的消息，然而很少有人留意到，這種巧合經驗說不定涉及其他特異的現象。一般人大多以為這些只是巧合而已，但若考量到思維的力量，各位或許就會覺得這股力量確實是有幾分道理。

我真心認為，只要你願意敞開心胸去讀一讀相關資料，自己試試看，遲早會發現心電感應、念力等現象真有其事。研究人員也指出，每個人的內在都蘊藏著這股力量，只是開發程度各有不同罷了。

哈德森的《心靈現象法則》於一八九三年首次出版時，書裡便記載許多可證明心電感應確實存在的實驗。其中有一項撲克牌實驗，在一群受試者中選定一人矇住雙眼，另一人挑一張牌，接著請其他在場的受試者齊心專注冥想那張牌。主持者請矇住眼睛的受試者根據內心接收到的第一個影像，說出是哪張撲克牌，結果證明心電感應確實能發揮作用。

還有一個只需三人就能進行的小實驗。拿一本雜誌，剪下五張有色紙條，每張大約半吋寬、三吋長，紙條顏色越鮮豔越好，比如亮紅或寶藍，不過每張紙條的顏色都必須有明顯不同。第一人用右手大拇指和食指夾著色紙條，呈扇形攤開，像握撲克牌一樣；接著第二人選擇一張色紙條，但不能讓第三人看見。手持色紙條的第一人必須馬上開始專心默想第二人選擇的色紙條，並且將訊息傳進第三人心裡。最後由第三人說出第二人選擇了哪種顏色的色紙條。

在此必須先清楚說明的是，負責回答的人必須不經思考、立刻說出答案；而且在實驗期間他必須放空思緒，不能想著跟實驗有關的事。也就是說，他不能猜，也不可以刻意去揣摩同伴的選擇，他必須一接收到心裡閃現的畫面就馬上回答。

第三人答對的次數之高，會讓你嚇一大跳。只要稍加練習，關係較密切的人，例如夫妻，成功機率會更高。假設由丈夫拿色紙條，另一人選色紙條，妻子負責作答，答對的次數通常比一般人高。我曾親眼見過有人答對二、三十次，沒出過一次差錯。我相信，信念一定也在這個實驗裡發揮作用。實驗過程中，拿色紙條的人不僅必須全神貫注，還要堅定相信自己能把色紙條畫面傳送給負責作答的人。

讓我提醒各位，進行這個小實驗或本書提及的任何實驗時，絕不能讓心存嘲諷，或完全不信超自然力量的人在場。因為他們心裡的負面想法可能干擾或破壞實驗者，導致實驗者無法自由傳遞思維。若他們表現出強烈懷疑的態度，破壞力尤其明顯。請各位切記，信念的力量可以破壞也能建設，就看使用的人如何應用。還記得本書先前提到的萊恩博士的研究嗎？「不願相信」會影響念力實驗，導致結果不理想。此外，哈佛大學臨床心理學研究中心的史邁勒博士也針對心電感應做了大規模實驗，他指出，若受試者堅信心電感應只是沒有根據的神祕現象或錯誤的假說，那麼實驗成功的次數通常遠低於憑運氣猜對的次數。這讓我們再一次見識到信念的力量，只要相信這個方法會成功，結果就會成功，反之亦然——不相信這個方法有用，結果鐵定不成功！

法國傑出天文學家暨科學家卡米爾．孚萊瑪西翁③是倡導思維傳遞理論的先驅。他的理論後來再由艾丁頓與金恩斯兩位教授進一步修正詮釋。孚萊瑪西翁主張，不僅人類和動物具有心靈智慧，天地萬物，包括植物、礦物、甚至宇宙，都有心靈智慧。心靈智慧透過原子發出能量。

一九四七年初，本書第二章提過的菲立普．湯瑪斯博士宣布，他打算在退休後全心投入心電感應研究。湯瑪斯博士說：「各位也許認為我瘋了，但我決定在兩年後——也就是我退休之後，全心投入這個領域。因為此刻我們不僅無法針對心電感應提出科學的解釋，也無法說明為何有人能夠讀取他人的心思。」

波特蘭市《奧勒岡人報》報導了湯瑪斯博士將在退休後全心投入心電感應的研究。報導中說：

菲立普・湯瑪斯博士是成就斐然的專業人士，他表示自己即將退休，退休後將全力從事「心電感應」或類似現象的研究。一般人將這類冷門領域歸類為超感官知覺。或許各位讀者想要嘲笑：「哈，又多了一個怪胎。」不過請先想想，湯瑪斯博士是一位成就卓越的科學家，西屋電子公司的資深工程師。現在，他決定探索人類心靈這最後一塊黑暗大陸；也許這塊大陸隱藏的驚奇和秘密遠遠超過非洲大陸。

顯然，就連最不相信心電感應的人也知道，國際電學權威湯瑪斯博士一定是發現了某些無法輕易駁斥的證據，進而認為人類目前太過投入所謂的傳統科學，愚蠢地忽視了那些長久以來背負「妖魔法術」污名的深奧現象……

看待任何「心靈現象」（如果這個稱呼正確的話）最正確、最理性的態度是用科學方式去探索，去找答案。雖然科學方法強調嚴謹，但如果能透過嚴謹的科學方法找到確定的證據，則這些證據必然極具說服力，不容駁斥。其實世上根本沒有所謂的超自然現象，這些現象都只是人類還不明白的自然法則在運作的結果。再者，這位著名科學家也不是史上第一個決定探索人類心靈未知領域的人……科學家對心電感應這類現象最常抱持的態度就是偏執己見、拒絕相信。但這哪裡是科學的態度呢？

湯瑪斯博士立志探索心靈領域，不過這樣的研究探索對人類有什麼好處？假如我們能透過這類研究更瞭解自己、瞭解心靈蟄伏的力量，這些知識也許能造福人類，讓我們更幸福快樂。

本書所探討的重點，就是一般常說的「心靈」，也有些人把這個心靈的力量稱之為某種未知的電子振波。不管名稱是什麼，本書想要探究的就是跟「心靈」有關的現象。重點是，這些現象確實存在，並且是存在於天地萬物之間。

各位只要想像，每個人的潛意識只是集體潛意識的極小部分，而集體潛意識發出的振波無遠弗屆，涵蓋世間萬物，這樣或許更有助於我們瞭解念力、心電感應及其他類似現象。

萊恩博士在解釋念力時指出，實驗成功取決於幾個先決條件，那就是受試者必須心懷期望、集中思緒、熱切盼望期待的結果出現。這再度證明信念的確能產生極大的力量。就像在萊恩博士的實驗中，受試者必須先有「堅信自己能影響骰子」的信念才行。

《紐約論壇報》科學編輯約翰．歐尼爾④曾寫過一篇報導，提到信念是驗證心電感應（用心靈控制物體）的基本要素，杜克大學最近也透過實驗更明確證實心電感應確實存在。歐尼爾還寫道，這些實驗也證實，如果旁人「取笑」受試者，受試者可能無法順利施展念力與心電感應。

歐尼爾在報導中提到，有次進行骰子實驗時，有位年輕女子成功讓試圖控制骰子出現點數的年輕受試男性分心。那位女性在實驗進行中不斷嘲諷他控制骰子的能力，結果此舉將強大的負面能量注入了受試男性的心裡，削弱了他的自信，導致他當天的實驗結果奇差無比。歐尼爾對這種情況寫了一段有趣的推論說：「這個實驗其實也可以逆向操作。如果在實驗進行中對受試者『加油打氣』、激勵他的信心，說不定能提高成功率。實驗結果應該很有意思。」

若從杜克大學及其他多所大學的實驗成果來看，顯然當受試者「相信」自己、也對結果充滿信心，則成績多半明顯提升。從另一個角度來看，「加油打氣」可以幫助那些缺乏自信或信念的人，這點也完全符合邏輯。因此為受試者加油能提升實驗成績，應該是正確的推論。

信念乃是致勝的要素

如果心態或觀想能影響高爾夫球的落點，擲骰者能用心靈控制飛快轉動的骰子，誰敢說思維不會影響真實事情的發生呢？誰敢否認這個潛藏的遠古奧秘，它的神秘面紗已經被現代人慢慢揭開？杜克大學的實驗已經證實，所謂的幸運並非巧合或偶然，而是強大思維振波引發的影響力。而早在杜克大學進行這一系列實驗之前，就有作家表示幸運來自於堅決的心靈，也就是觀想、集中思緒、堅定的意志和信念的綜合。請用這個道理來思考你和你設定的人生目標，因為關鍵點就隱藏在這個道理中。

常去賭場的人都知道，「手氣旺」指的是玩牌或擲骰子的人連續贏不停的情況；然而好手氣一旦用完，玩家若不收手就會開始輸。但「手氣旺」究竟是什麼？其實就是一種「無所不知」的感覺，深信自己穩贏不輸。即便是賭博，信念的力量也扮演相當重要的角色呢。

當然，這本書並不是寫給職業賭徒看的，而是為了所有一心想成功、心念真誠的人而寫的。這裡之所以提到賭博，純粹只是為了進一步證明專注、期盼和堅定的信念能啟動思維振波的力量，使意念引發有形的事物發生。

在前面章節裡我曾提過，符咒、護身符、幸運符、避邪物這些小東西本身並沒有法力，但深信這些東西有保護力的人，顯然能引發出某種的力量或能量，也就是我們所知的「念力」。我已在書裡盡量解釋如何培養這種力量，以及如何運用這個力量步步往上爬。但我也必須指出，人很容易失去信念或信心；史上曾有無數人達到極高成就，卻因為信念搖動而落入無法想像的深淵。還有些人一心祈求康復，也奇蹟似地好轉，卻在幾年或幾個月之後因為信心減弱而導致舊疾復發。世間有太多讓人削弱信念的負面因子或影響力，多半趁我們沒有防備時，以暗示的形式溜進潛意識，恣意進行破壞，瓦解先前努力創建的成果。因此各位一定要勇往直前、永遠面向光明，堅定面對挑戰，那麼黑暗與陰影就不會遮蔽前方的道路了。

我知道，如果一個人對信念一無所知，則要求他接受「一切力量始於內心」的說法，真的很不容易。然而，就算是最忠實的唯物論者也一定知道，一個人對於外在世界是否真實存在的認知，來自於自己已知的事物或存在於意識中的事物。因此可以說，外在的世界是由人在心裡創造出來的畫面，才得以真實存在。

每個人都在追求幸福，但自覺得到幸福的人卻不多，殊不知幸福快樂就在我們心裡。只要我們不允許環境或生活瑣事的心靈畫面進入意識，這些事就絕對無從影響我們的幸福。幸福與身分、地位、財富與物質環境都沒有關係。幸福是一種我們能控制的心態，而控制的關鍵就是思維。

羅馬帝國皇帝暨偉大的哲學家瑪爾庫斯・奧烈里烏斯⑤曾說，「萬事都繫於意念，你可以控制你的意念。當你決定脫離意念的控制，你就如水手駛過嶙峋的海角，進入平靜順遂、無風無波的港灣。」

唯有當悲傷、苦惱盤踞在我們的意識裡揮之不去，人才會感覺悲傷苦惱。失望、抑鬱、哀傷、沮喪等等都是思維誘發的情緒或暗示所產生出來的。如果我們抑制這種情形，用意志力阻絕這些暗示，不讓意識受影響，那麼這類想法便無從生根，悲傷苦惱自然也就消失了。

請務必留意，當憂鬱的念頭出現時，若是無法控制自己的思緒，我們的軟弱會引發情緒反射，削弱抑制負面思維想法的能力。在這個時候，請你停止思考，別再鑽牛角尖！堅定告訴自己，你的思考習慣由你創造和主宰，沒有任何人任何事能擊敗你、左右你。意志堅定的人最是無敵，就連死神亦不敢越雷池一步。

愛默生曾說：「世間最難的就是『思考』。」大多數人都是群體思維的受害者，總受到來自四面八方的暗示影響。愛默生顯然言之有理。我們都知道，因果法則神聖不容侵犯，但又有多少人花時間仔細思考因果法則是如何運作？人的一生常因腦中閃現的念頭而改變，而這些一閃而過的念頭最後可能成為扭轉人類命運的強大力量。歷史上有許多想法強烈、意志堅決的人，因為他們始終忠於內心的信念，鼓舞了周遭跟隨他的人一同面對巨大強硬的反對力量，造就出偉大的事業、強大的帝國和嶄新的世界。

但思維的力量並不是他們所獨有，而是人人都具備，各位唯一要做的就是懂得運用它。一旦懂得運用思維力量，各位一定能成為自己想望的人；因為在因果法則運作下，我們心中最強烈的思維會在內裡創造新的元素，同時也從外界引來新的元素，讓這些新元素出現在你的生活中。

正面的創造思維會引導人採取行動，實現理想。但思維的力量比行動更強大，所以別忘了「心裡想的，都能實現」。若能描繪出正確的心靈藍圖，時時刻刻牢記想望，那麼不論是健康、財富或幸福，一定會隨之而來，因為因果法則是亙古不變的。

「好好瞭解自己吧！」認識你自己的力量。請反覆閱讀本書，直到書中講的內容融入日常生活。請善用卡片法和鏡子技法，並懷抱信心加以運用，最後的成果將會超出各位最深切的期盼。只要相信信念確實擁有神奇的創造魔力，各位一定能見證這股神奇的力量，因為信念能帶來無比的力量，讓我們不論做什麼都能成功。堅定的意志是支撐信念的堅強後盾。擁有信念的你一定能戰無不勝，攻無不克，成為人中龍鳳

——成為自己的主人。

①艾德溫・希爾（Edwin C. Hill, 1884–1957）是美國二十世紀初相當知名的新聞人，報導主題廣泛。

②威廉・隆格（William Joseph Long, 1857–1952）是美國作家兼自然學家，著作頗豐，其中較知名的有《動物如何說話》（How Animals Talk）。

③卡米爾・孚萊瑪利翁（Nicolas Camille Flammarion, 1842–1925）是法國天文學家，也曾寫過科幻小說。

④約翰・歐尼爾（John Joseph O' Neill, 1889–1953）是美國《紐約論壇報》（New York Herald Tribune）的記者，於一九三七年因科學報導而獲普立茲獎。

⑤馬爾庫斯・奧列里烏斯（Marcus Aurelius Antonius Augustus, 121–180）是羅馬帝國五賢帝時代最後一個皇帝，是難得的賢君，也是傑出的思想家，在位期間更遣使中國，促成羅馬與中國首度來往。